AF443904

PAU CASALS

Un violonchelista revolucionario

ExLibric

TRINO ZURITA

Catedrático de violonchelo del
Conservatorio Superior de Música de Málaga

PAU CASALS

Un violonchelista revolucionario

EXLIBRIC

ANTEQUERA 2021

A mi esposa, María del Carmen

Índice

Introducción

No estamos de acuerdo con quienes opinan que la técnica moderna ha llegado a un punto en el que un mayor desarrollo es impensable[1].

Edmund van der Straeten

El propósito de este libro es el estudio de los principios fundamentales de la escuela de Pau Casals (1876-1973). El lector no encontrará aquí un perfil biográfico ni referencias relacionadas con su compromiso político, cultural o humanitario. Estos aspectos, ampliamente estudiados y reivindicados en los últimos años, son los que han mantenido viva la llama de su legado, pero al mismo tiempo son los que han provocado que se haya difuminado la figura del joven Casals, el virtuoso que defendía con vehemencia la liberación general del cuerpo y los brazos del violonchelista, la concepción del arco al servicio de la elocuencia, la técnica de la percusión, la afinación expresiva y la aplicación sistemática de las extensiones de la mano izquierda. Como afirma Gordon Epperson, estos principios influyeron en todos los violonchelistas del siglo veinte directa o indirectamente, con independencia de cuál fuera su escuela o nacionalidad[2], trascendiendo incluso al ámbito del violín[3].

---

[1] Straeten, 1915, 643.

[2] Epperson, 1980, 46-47.

[3] Véase Flesch, 1937, 203-04; o Mannes (en *Violin Mastery*), 1919, 55-59.

Casals, que comenzaría sus estudios de violonchelo con doce años, sólo reconoció a dos maestros en su etapa de aprendizaje. Por un lado, al responsable de su formación violonchelística, José García, con el que estudió durante cuatro años en la Escuela Municipal de Barcelona (1889-93). Y por otro, a Jesús de Monasterio, uno de los pilares de la escuela violinística romántica española. Durante los dos años y medio que permaneció en Madrid, Monasterio le inculcó cuestiones clave que marcarán el devenir de su pensamiento estético-interpretativo, como la importancia de adquirir una amplia formación cultural, la interpretación musical desde una visión elevada del arte o la preocupación por la afinación y la acentuación musical[4]. Mientras Casals siempre fue coherente elogiando los principios que le había transmitido Monasterio, sus declaraciones sobre García fueron contradictorias. En el cénit de su carrera hablaba de su maestro como un excelente profesor, con quien había aprendido los rudimentos básicos para una buena interpretación del violonchelo[5]; en cambio en la ancianidad diría que algunos consejos que le dio García fueron extravagantes y absurdos[6]. El recurso didáctico de pasar el arco sosteniendo un libro bajo el brazo con el objeto de mantener el codo inmóvil y pegado al cuerpo fue uno de ellos. Contrariado por recomendaciones de esta índole, Casals decide recorrer con el violonchelo su propio camino. Se entrega a un aprendizaje autodidacta, cuestionando todas las normas de interpretación del violonchelo aceptadas por la tradición escolástica y encontrando soluciones propias a las limitaciones que todas esas normas le imponían a la hora de

---

[4] Corredor, 1975, 39.
[5] Martens, 1923, 226.
[6] Corredor, 1975, 30.

hacer música. Casals afirma que esta búsqueda fue una constante a lo largo de los años.

> Aprendí de todo el mundo, tanto de los violinistas como de los violonchelistas; tanto de los cantantes como de los instrumentistas. Toda la música que escuché me abrió nuevas formas de expresión en el violonchelo. Aprendí de los artistas mediocres (lo que no hay que hacer) y también de los buenos; e incluso aprendí mucho de mis alumnos[7].

Aunque Casals tenía su residencia en Paris desde el año 1900, las continuas giras hacían que su actividad pedagógica fuera muy reducida. Gaspar Cassadó, Guilhermina Suggia, Charles Kiesgin y Andrey Borisyak fueron los únicos alumnos de esta primera época parisina[8]. No es hasta la década de 1910 cuando Casals comienza a mostrar interés por transmitir sus propios logros técnicos e interpretativos, un interés estimulado en parte por la estrecha relación de amistad que entabla con el violonchelista Diran Alexanian[9]. Casals: «Alexanian, un hombre excepcional, y yo habíamos discutido durante años sobre cuestiones relacionadas con el violonchelo y la interpretación en general. Mis conversaciones con él siempre fueron para mí un verdadero estimulante»[10]. En estas conversaciones comienza a gestarse el futuro *Traité théorique et pratique du violoncelle* (1922), publicación que Casals reconocerá como propia: «Lo ratifico completamente. Este método representa ideas que he

---

[7] Casals (en *String Mastery*), 1923, 226.
[8] Kaufman, 2017, 2.
[9] Alexanian se había formado en Dresden con Friedrich Grützmacher.
[10] Casals (en *Pablo Casals cuenta su vida*), 1975, 244.

desarrollado a lo largo de muchos años y que he probado exhaustivamente de manera práctica»[11]. Para la difusión de sus enseñanzas Casals contaba con la École Normale de Musique, una institución de la que era miembro fundador, y con Alexanian, una persona afín que podía liderar una labor pedagógica continuada en el tiempo. A partir de entonces se pone en marcha una maquinaria bien engrasada encaminada a difundir concienzudamente su pensamiento musical y sus principios sobre la técnica del violonchelo: la *École Pablo Casals*[12]. Al mismo tiempo que aparece el *Traité* de Alexanian, Casals declara: «Cuando los nuevos principios de la técnica relacionados con la digitación y el arco, principios que son tan lógicos y que están fundados en las propias leyes musicales y no en teorías de escuelas, sean cada vez más aceptados, creo que la interpretación del violonchelo se desarrollará de una manera más natural e inteligente. Para adquirir esta nueva técnica, que no es específicamente violonchelística sino musical, el estudiante debe romper con las viejas fórmulas que están caducas»[13]. El texto introductorio que Casals redacta para el *Traité* puede considerarse como el documento fundacional del nuevo proyecto.

Casals no escribió ninguna exposición formal sobre su arte, pero sí dejó numerosas grabaciones y testimonios que permiten descubrir, al menos en parte, algunas de las incógnitas que rodean la génesis de su particular técnica violonchelística. Un factor distintivo de la técnica de Casals es que sitúa todas las cuestiones físicas relacionadas con el mecanismo al servicio de la expresión musical más noble y de los ideales artísticos

---

[11] Casals (en *String Mastery*), 1923, 230.

[12] Anselmini y Jacobs, 2018, 238.

[13] Casals (en *String Mastery*), 1923, 235.

más elevados. Estas preocupaciones aparecerán recogidas en dos reveladoras entrevistas publicadas en *The Etude* (1922) y en *String Mastery* (1923). Alexanian, designado por Casals para dirigir su clase de violonchelo, será el primero en exponer su pensamiento violonchelístico en el artículo *La technique et l'esthetique de Pablo Casals* (1921) y, más tarde, en el mencionado *Traité théorique et pratique du violoncelle* (1922). Una publicación de gran valor para este estudio e ignorada hasta la fecha ha sido *Principios de la escuela de Pablo Casals* (1929) de Andrey Borisyak. Tras su graduación en el Conservatorio de San Petersburgo, Borisyak viajó a Paris para recibir los consejos de Casals durante 1912 y 1913[14]. Los capítulos sobre la interpretación musical que aparecen en los libros de Lillian Littlehales, Rudolf van Tobel y José María Corredor también han sido importantes para establecer y desarrollar los aspectos propuestos en este trabajo. Finalmente, el estudio de las enseñanzas de Casals quedaría incompleto sin tener en cuenta *Cello Playing of Today* (1957) de Maurice Eisenberg, quien se convertirá en uno de los mayores divulgadores de las enseñanzas de Casals: primero en la *École Pablo Casals* (1929-1939) y más tarde en Estados Unidos, Londres y Portugal.

A pesar de la extraordinaria relevancia de Casals para el devenir del violonchelo en el siglo veinte, no existen estudios que profundicen en las raíces de su técnica violonchelística. La mayoría de los escritos publicados hasta la fecha sólo se han preocupado

---

[14] Como alumno de Aleksandr Verzhbilovich, Borisyak está considerado un continuador de la escuela rusa de Carl Davidov, junto a Semyon Kozolupov y Leopold Rostropovich. A partir de la década de 1920 Borisyak enseñó violonchelo y música de cámara en el Instituto de Música Gnesin de Moscú, convirtiéndose en el responsable de difundir las enseñanzas de Casals en la Unión Soviética.

de repetir ciertas frases recurrentes que no han hecho sino enturbiar y simplificar hasta lo anecdótico la contribución de un violonchelista revolucionario. Casals fue generoso reconociendo el carácter ecléctico, intuitivo y natural de sus ideas sobre la técnica del violonchelo, sin embargo fue parco dando nombres propios. Esta reserva hace difícil el rastreo de las fuentes que marcaron el desarrollo de su pensamiento, más allá de los maestros que dirigieron su formación o por los que mostró una admiración confesa (Joseph Joachim o Eugène Ysaÿe, entre los anteriores a su generación). Una de las excepciones más intrigantes, y que se analizará en profundidad, es la mención de Casals al violinista Carl Courvoisier. El estudio de los principios fundamentales de la escuela de Casals requiere examinar, por consiguiente, las referencias directas, los antecedentes de cada una de las novedades atribuidas a Casals, el estado de la técnica del violonchelo a finales del diecinueve, el vínculo entre la técnica y la estética interpretativa, y la recepción de las propuestas de Casals por parte de otros intérpretes. Es decir, es importante situar al violonchelista español en el contexto de su época, pero también en perspectiva, como heredero de las tradiciones interpretativas románticas. Para cumplir con este objetivo se revisarán los tratados teóricos e instrumentales del siglo diecinueve y las inspiradoras grabaciones sonoras de principios del siglo veinte. Aunque la mayoría de aquellas grabaciones no alcancen el estándar de calidad sonora al que están acostumbrados los oídos actuales, son documentos irrefutables que muestran las prácticas técnicas y estéticas de los últimos virtuosos románticos, y también el cambio gradual en el estilo que comienza a gestarse a comienzos del siglo veinte y que tiene a Casals como uno de sus máximos protagonistas.

El primer bloque de este trabajo comenzará con un amplio apartado dedicado a comprender por qué a finales del siglo diecinueve los violonchelistas tocaban con una posición baja, pegada al cuerpo, del codo. Se analizará la evolución de la posición del brazo derecho durante el romanticismo y cómo la contribución de Casals entronca con el impacto del positivismo científico en la técnica de los instrumentos de cuerda, que propiciará una nueva gestión del arco mediante la activación de los segmentos del miembro superior derecho en un todo dinámico. Durante el recorrido se comprobará que el nombre de Carl Courvoisier no aparece por casualidad, ni se trata de una referencia anecdótica, sino que tiene un sorprendente recorrido en todas las fases de su técnica violonchelística. El segundo capítulo, que dará continuidad a la cuestión del arco, tratará de comprender la estética sonora que se había instalado en la interpretación a finales del siglo diecinueve. Casals retoma el carácter del arco clásico para rechazar la estética predominante de *l'archet à la corde* y del sonido continuo. Se demostrará que el modelo expresivo que Casals propone para el arco es deudor de la escuela franco-belga gracias al vínculo directo entre Jesús de Monasterio y Charles de Bériot.

Las diferentes técnicas que Casals exploró para la mano izquierda se estudiarán en el segundo bloque. Todas responden igualmente a la necesidad de una renovación estética en el ámbito de la interpretación musical, pero también del carácter que hasta aquel momento se venía asociando al violonchelo. La técnica de la percusión, el desarrollo de las extensiones o la resurrección de la digitación violinística en el violonchelo son recursos que, en combinación, vienen a contribuir a un mismo fin: crear una concepción elástica, enérgica y expandida de la mano izquierda sobre el diapasón que permita dar ligereza, nitidez y brillantez al violonchelo, y finalmente producir un discurso más claro y articulado.

El último capítulo tratará la preocupación de Casals por la afinación. Exigiendo al intérprete de cuerda una afinación perfecta en todo momento, Casals representa un punto de inflexión importante, ya que erige la afinación como uno de los pilares incuestionables de la técnica. Los grandes maestros desde Leopold Mozart en el violín o Jean-Louis Duport en el violonchelo habían considerado la pureza de la afinación como un elemento indisociable del concepto de belleza del sonido, sin embargo a finales del siglo diecinueve tocar desafinado todavía no devaluaba al intérprete[15]. Por otra parte, Casals vincula la perfección en la afinación a la «afinación expresiva». Este principio, que aporta gran dinamismo y dirección en el fraseo, tiene en cuenta las tensiones naturales que se generan entre los diferentes grados de la escala durante el movimiento melódico. Se comprobará que la práctica casi obsesiva de la afinación expresiva no debe interpretarse como una aportación novedosa, sino como una reacción a la afinación temperada que los instrumentos de tecla venían imponiendo y que estaba convirtiendo a la melodía en una articulación de alturas estereotipadas. En este sentido, la preocupación de Casals por la afinación expresiva le sitúa en el fin de una era.

---

[15] Son numerosos los testimonios que hablan sobre la falta de pulcritud en la afinación a finales del siglo diecinueve por parte de los instrumentistas de cuerda. Léanse las palabras de Eugène Sauzay (cita 88).

La técnica del arco

La técnica en todas sus fases no debe ser una cuestión de
nacionalidad, sino de lógica y perfección musical[16].

Pau Casals

La posición del brazo derecho

La paulatina adopción de la pica durante la segunda mitad
del siglo diecinueve propició que las piernas de los violonchelistas quedaran libres y los pies más separados y firmemente apoyados en el suelo. A pesar de esta liberación, la actitud postural de la
sujeción clásica (sin pica) seguiría vigente. Las fotografías históricas revelan que algunos violonchelistas conservarán la posición
adelantada de las dos piernas y otros, la mayoría, mantendrán la
pierna izquierda muy adelantada, flexionando hacia atrás la derecha, a veces exageradamente. En casi todos los casos se observa
que el violonchelo queda en una posición oblicua, separado del
cuerpo y con la tapa orientada hacia la derecha del intérprete. Esta colocación del violonchelo devino en la más cómoda:
de esta manera se podía seguir la extendida recomendación de
mantener el codo bajo y el brazo derecho pegado al cuerpo, fa-
cilitando el manejo del arco en las cuerdas más alejadas.

Louis Abbiate en su *Nouvelle Méthode de Violoncelle* (1900)
ilustra y describe la posición que adoptaron los violonchelistas a

---

[16] Casals (en *String Mastery*), 1923, 227.

Fig. 1.1. Édouard Jacobs y Louis Abbiate en torno a 1900.

finales del siglo diecinueve. El virtuoso francés insiste en que el brazo derecho se mantenga inmóvil y pegado al cuerpo, siendo el antebrazo el responsable principal del desplazamiento del arco:

1º. El arco recorre la cuerda horizontalmente, paralelo al puente. No podemos recomendar suficientemente esta observación, que es la base fundamental de la posición del arco.

2º. El arco es conducido por el antebrazo, que sólo se pondrá en movimiento teniendo como eje el codo, que permanecerá inmutablemente unido al cuerpo, sin separarse

Fig. 1.2. Pau Casals en torno a 1900.

imperceptiblemente hasta que el arco esté en la punta, para regresar tan pronto como el arco salga hacia el talón.

3°. La muñeca, el conductor principal del arco, debe redondearse en el talón. Además, como dice Duport, «la muñeca debe funcionar como la bisagra de un sistema mecánico», para que pueda ejecutar cualquier golpe de arco o cualquier cambio de cuerda sin la obligación de utilizar el brazo, lo que haría que todos los movimientos del arco fueran pesados, difíciles y confusos[17].

---

[17] Abbiate, 1900, 12.

Es conocido el impacto que tuvo el *Essai sur le doigté du violoncelle et sur la conduite de l'archet* (1806) de Jean Louis Duport en el devenir de la escuela francesa, pero también en la pobre tradición violonchelística española[18]. Prueba de ello es que algunas instituciones filarmónicas en España todavía conservan en sus fondos impresiones decimonónicas del *Essai*. Por su parte, Francisco Brunetti y Cosme José de Benito introdujeron numerosos consejos e ideas musicales de Duport en sus respectivos métodos[19]. En consecuencia, desde una perspectiva actual resulta difícil entender por qué la tradición pedagógica francesa, y por ende la española, llegó a enseñar que el brazo derecho tenía que mantenerse pegado al cuerpo, cuando Duport había escrito:

1°. El movimiento del antebrazo: es casi sólo él quien debe operar, empujar y tirar del arco en toda su longitud. La parte superior del brazo debe permanecer en la misma posición, excepto cuando la muñeca se acerca al puente, donde el brazo hace un pequeño movimiento para terminar de empujar el arco.

2°. Tenga cuidado de abrir el codo para que el brazo esté casi estirado cuando el arco llegue a la punta, y no retire la parte superior del brazo hacia atrás[20].

En efecto, Duport en ningún momento indica que el brazo deba permanecer pegado al cuerpo. Si el brazo tiene margen para terminar de llevar el arco al talón y debe quedar

---

[18] Gosálvez, 1997, 441.

[19] Francisco Brunetti (1765-1834), *Método de violoncello*. MS., ca. 1800; y Cosme José de Benito (1829-1888), *Método elemental de violoncello*. Madrid: Romero, 1870.

[20] Duport, 1806, 159.

casi estirado a la punta, ambas indicaciones implican cierta separación del brazo respecto al cuerpo. Sin embargo, para que mecánicamente sea viable un codo pegado al cuerpo, el violonchelo debe quedar hacia la izquierda del violonchelista, tal como muestran las fotografías de Jacobs y Abbiate (Fig. 1.1). De esta manera, cuando el arco está a la punta, el codo permanece bajo y aun notablemente flexionado. Por su parte, la *Méthode de violoncelle et de basse d'accompagnement* (1804) de Baillot, Levasseur, Catel y Baudiot, el primer método de violonchelo adoptado por el Conservatoire de Paris, había aconsejado claramente un brazo algo separado: «No estará demasiado lejos ni demasiado cerca del cuerpo (...) Todos los movimientos se hacen desde el antebrazo sin que el brazo tenga participación alguna»[21]. Los dos tratados apuntan hacia el papel casi exclusivo del codo en la conducción del arco, aunque la *Méthode* parece más nítida exigiendo la restricción del movimiento del brazo.

Charles Baudiot, que publicaría su propio método años más tarde con la asistencia de su alumno Louis-Pierre Norblin, ya introduce la máxima que será una constante en la tradición violonchelística parisina:

> La parte superior del brazo debe permanecer lo más cerca posible del cuerpo para evitar que el codo se levante demasiado, ya que el peso del brazo sobre el arco apoyado en la cuerda siempre produce un efecto nocivo en la ejecución, especialmente en los pasajes de velocidad. Llamo la atención de los estudiantes sobre este precepto[22].

---

[21] Baillot, Levasseur, Catel y Baudiot, 1804, 6-7.
[22] Baudiot, 1826, 5.

Es decir, el arco sigue gobernado por la actividad principal del codo, pero ahora desde un brazo pegado al cuerpo. Bernard Romberg desvela en su *Violoncell Schule* (1840) las causas que provocaron el cambio de paradigma. Arguyendo que una de las razones por las que el codo debe permanecer bajo es para evitar la rigidez del hombro y del brazo, señala la decisiva influencia violinística sobre este aspecto: «Los grandes violinistas en París hace mucho tiempo que se han dado cuenta, por lo que cuando tocan mantienen los codos hacia abajo tanto como sea posible, y nunca los levantan, porque esto sacaría al hombro de su posición natural»[23].

La posición baja del codo, adoptada por todas las escuelas violinísticas europeas, será seguida también por los violonchelistas románticos. Pierre Baillot ilustra esta postura en su *L'Art du violon* (1834) en coherencia con su propia descripción: «El brazo y el codo nunca participarán de manera directa en los movimientos del antebrazo. Para este fin, el codo se dejará caer sin ninguna fuerza, en un estado de nulidad completa»[24] (Fig. 1.3). El violinista Georg Wichtl (1805-1877) describe en su extenso tratado *Der junge Geiger* (1851) cómo se inculcaba a los alumnos de violín la correcta posición: «El codo debe colgar sin ningún esfuerzo, en una posición natural, pegado al cuerpo. Si fuera necesario, para que el estudiante se acostumbre a esto, puede permitírsele sostener un libro debajo del brazo mientras toca, o sujetar la parte superior del brazo al cuerpo con un vendaje»[25]. No se

---

[23] Romberg, 1840, 7. [Nota: Romberg fue profesor del Conservatoire de Paris durante 1801 y 1802].

[24] Baillot, 1834, 14.

[25] Wichtl, 1851, II. [Nota: La conocida ilustración recogida en el *Nouvelle Méthode* (1824) de Bartolomeo Campagnoli también muestra que el brazo derecho del violinista se encuentra sujeto mediante una cuerda a un botón de la casaca.]

(a)

(b)

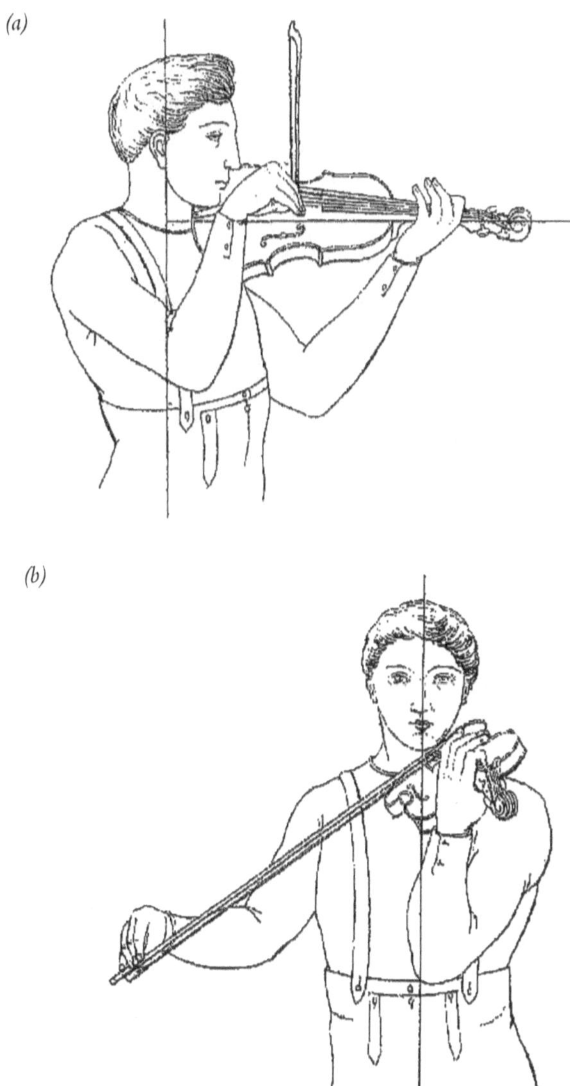

Fig. 1.3. Baillot, *L'Art du violon* (1834). (a) Posición de la muñeca y el brazo derecho tirando del arco. (b) Posición de la muñeca y el brazo derecho empujando el arco.

puede afirmar que Romberg hubiera aprobado estas estrategias didácticas, pero lo que sí está demostrado es que compartía con los violonchelistas coetáneos franceses la misma actitud postural y dinámica del brazo derecho. Hay que tener en cuenta que el estándar de naturalidad al que aluden los violinistas se corresponde, como ilustra Baillot, con una sujeción del violín bastante diferente a la actual: se sostenía en una posición más alineada con el plano sagital del violinista. Desde esta posición, a veces con la voluta del violín bastante caída, el mecanismo del brazo derecho de los violinistas presentaba bastante similitud con el de los violonchelistas (Fig. 1.3.b).

Más tarde, los profesores Alexandre Chevillard, alumno de Norblin, o Hippolyte Rabaud, uno de los más importantes alumnos de Auguste Franchomme, insistirán en los mismos términos, exigiendo mantener el brazo lo más cerca posible del cuerpo[26]. Queda trazada así una línea de conexión generacional que recorre todo el siglo diecinueve y que consolida una concepción del brazo derecho que continuaría vigente en el tránsito del siglo diecinueve al veinte. Los recursos didácticos para fijar el brazo al cuerpo se perpetuaron igualmente hasta las postrimerías del diecinueve. Edmun van der Straeten en su *Technics of violoncello playing* (1898) escribe:

He encontrado que es de gran ayuda para los principiantes si atan una cuerda o correa alrededor del brazo derecho y el cuerpo, pasándola por debajo del brazo izquierdo y sobre el brazo derecho justo en la articulación del codo, y

---

[26] Véase Chevillard, 1837, 3; y Rabaud, 1878, 1.

apretándola para que sólo permita al brazo alejarse lo suficiente como para llevar el arco hasta la punta[27].

Parece ahora más claro que Casals nunca se excedió a la hora de describir las tácticas que siguieron los violonchelistas románticos para instruir a los alumnos sobre la posición del brazo derecho. Es más, se podría considerar que durante la segunda mitad del siglo diecinueve hubo una involución en el desarrollo de la técnica del arco, provocada en parte por la tradición de seguir las recomendaciones de los violinistas, y en parte por la idea, aceptada por imperativo pedagógico, de lo que es «natural».

El enigma Courvoisier

Los años de aprendizaje de Casals fueron una búsqueda y un cuestionamiento sistemático de los principios existentes. Quiso eliminar todo enfoque rutinario basado en los convencionalismos establecidos por las escuelas de interpretación. Buscó la lógica y la naturalidad para desarrollar una nueva técnica del violonchelo que estuviera al servicio de la perfección musical. Para alcanzar este objetivo había primero que liberar al violonchelo de su carácter pesado. Casals opinaba que la técnica del violonchelo había degenerado para parecerse a la del contrabajo[28]. Así que, como hicieron otros virtuosos del violonchelo con anterioridad, recurrió a la técnica del violín para encontrar la ligereza y claridad necesarias con las que sortear dicha pesadez. Es una de las razones que explicarían por qué Casals, a la pregunta de cómo se sujeta el arco del violonchelo, remita a un

---

[27] Straeten, 1898, 31.
[28] Casals (en *String Mastery*), 1923, 227.

trabajo sobre el violín antes que a cualquier otro dedicado al violonchelo:

> El arco se debe sostener como se muestra en la imagen que acompaña a este artículo, la cual lo muestra muy claramente [Fig. 1.4]. El pulgar se coloca sobre la vara, detrás del segundo y tercer dedos, como en el violín (como se ilustra en *The Technics of Violin Playing* de Courvoisier). Sin embargo, no doblo el pulgar hacia afuera, de modo que la punta de la uña del dedo pulgar toque el borde de las cerdas del arco, como ocurre en la sujeción del arco del violín, sino que lo mantengo más recto[29].

Alumno de Joseph Joachim, Carl Courvoisier (1846-1908) publicó bajo la bendición de su maestro *The Technics of Violin Playing on Joachim's Method* (1880), un opúsculo sobre los aspectos técnicos y posturales básicos del violín. Esta obra es la refundición no autorizada para el mundo anglosajón que el musicólogo Henry Edward Krehbiel realizó de dos publicaciones anteriores de Courvoisier: *Die Grundlage der Violin-Technik* (1873) y *Die Violintechnik* (1878). Dada la extraordinaria difusión que alcanzó el opúsculo, el editor de la revista *The Strad* invitó a Courvoisier a inaugurar su nueva apuesta comercial, la colección «The Strad Library», con un texto definitivo dedicado a la técnica del violín. De esta forma aparece *The Technics of Violin Playing* (1894), un amplio estudio donde Courvoisier mantiene las líneas básicas expuestas en la edición preparada por Krehbiel.

La primera cuestión que cabe plantearse es por qué Casals remite a *The Technics of Violin Playing* de Courvoisier el mismo

---

[29] Casals (en *The Etude*), 1922, 353.

Fig. 1.4. *The Etude*, 1922, 352. Fotografía empleada por Casals para ilustrar la postura correcta del violonchelista.

año, 1922, que aparece el *Traité théorique et pratique du violonce-lle* de Alexanian. Hay que recordar que Casals colaboró estrechamente en la elaboración del *Traité*[30] y había dicho que era el mejor trabajo pedagógico existente[31]: «Este método recoge ideas que he desarrollado a lo largo de muchos años y que he probado a fondo en la práctica. Espero que, en lo que respecta a la técnica del violonchelo, sustituya a la mayoría de los métodos más antiguos que todavía se utilizan»[32]. La hipótesis más inmediata es que Casals no estuviera totalmente de acuerdo con algunas de las indicaciones dadas por Alexanian sobre la mano derecha, pero también cabe la suposición de que Casals, en algún momento de su formación autodidacta, hubiera encontrado en *The Technics of Violin Playing* ideas técnicas y estéticas con las que desarrollar su pensamiento musical en la dirección que deseaba. Esto ya le había ocurrido cuando se entregó al magisterio del violinista Jesús de Monasterio. El trabajo de Courvoisier estaba refrendado por el mismísimo Joseph Joachim, que alumbraba las más altas aspiraciones dentro de la escuela clásica de interpretación. Referente indiscutible a nivel técnico, artístico y pedagógico, entre sus cualidades más apreciadas, que Casals hará suyas, estaban el virtuosismo sin ostentación y la simplicidad y pureza de estilo. De confirmarse esta segunda suposición, la mención al trabajo de Courvoisier podría interpretarse como un gesto de honestidad y agradecimiento.

Para confirmar o rechazar la hipótesis de que Casals recurrió a Courvoisier porque no se identificaba plenamente con las ideas de su colega Alexanian, se realizará un acercamiento

---

[30] Alexanian, 1921, 230.

[31] Casals (en *The Etude*), 1922, 353.

[32] Casals (en *String Mastey*), 1923, 230.

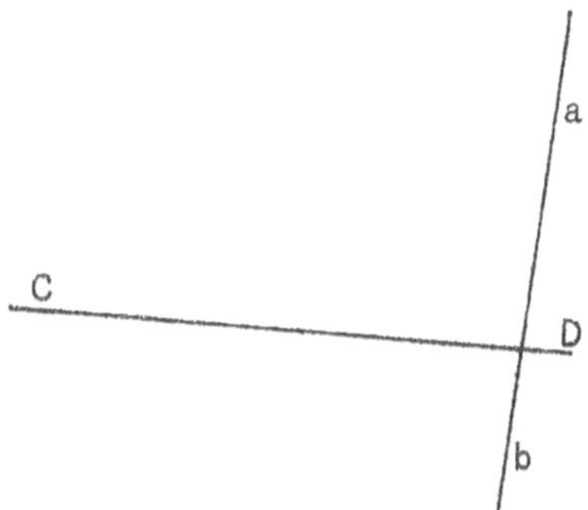

Fig. 1.5. Alexanian,
Traité, 14.

a los textos de ambos autores, que permita un análisis de los contenidos sobre el mecanismo del brazo derecho. Pues bien, Alexanian muestra mediante un esquema el movimiento lineal que debe trazar la muñeca durante la conducción del arco (C–D) en relación al eje del violonchelo (a–b), y explica lo siguiente (Fig. 1.5):

> El movimiento simple del brazo consiste en seguir con la muñeca la línea imaginaria C–D hasta que el brazo, gradualmente retirado del cuerpo, esté completamente extendido (la muñeca, mientras sigue la línea imaginaria, debe permanecer plana). Luego se repetirá el mismo movimiento en la dirección contraria. En ningún punto de esta trayectoria el codo estará más alto que cuando se encuentra más alejado del cuerpo[33].

Alexanian realiza el despliegue del brazo desde un codo pegado al cuerpo, a lo que añade la extensión gradual de los

---

[33] Alexanian, 1922, 15.

dedos durante el arco abajo y su flexión gradual durante el arco arriba[34]. Al mismo tiempo, demanda que las puntas de los dedos sigan en paralelo la línea imaginaria que dibuja la muñeca (C-D), y que el eje de la mano permanezca paralelo al del violonchelo (a-b) a lo largo de toda la línea C-D. Este eje —como se observa en la imagen— está ligeramente inclinado (Fig. 1.5), por eso la bisagra de la muñeca queda también ligeramente hacia la izquierda respecto de las puntas de los dedos[35].

La confusión aumenta cuando se comparan los textos explicativos con las ilustraciones. En las fotografías de Alexanian *sin el arco* se aprecia que la inclinación de los dedos no es la misma al talón que en la punta (Fig. 1.6). En el talón el brazo se mantiene todavía bien pegado al cuerpo y los dedos se encuentran relajadamente alineados con la muñeca y el antebrazo. En la punta la posición y la actitud del brazo son más modernas: Alexanian muestra un codo bastante elevado y cierta pronación del antebrazo que favorece la inclinación de los dedos. Sin embargo, esta actitud novedosa desaparece cuando muestra la posición del brazo derecho *con el arco* en la punta (Fig. 1.7). Aquí se observa una concepción transicional del mecanismo: dedos completamente juntos, el eje de la mano en estricta perpendicularidad con el arco tanto al talón como en la punta, una muñeca siempre redondeada y un brazo que se extiende desde un codo bajo y pegado al cuerpo. Esta concepción del brazo tendría una estrecha similitud con aquella que muestra Casals en la fotografía de 1900, donde no se observa actividad pronatoria del antebrazo (Fig. 1.2). En resumen, el mecanismo básico del arco dado por Alexanian en

---

[34] Alexanian, 1922, 15.
[35] Alexanian, 1922, 15.

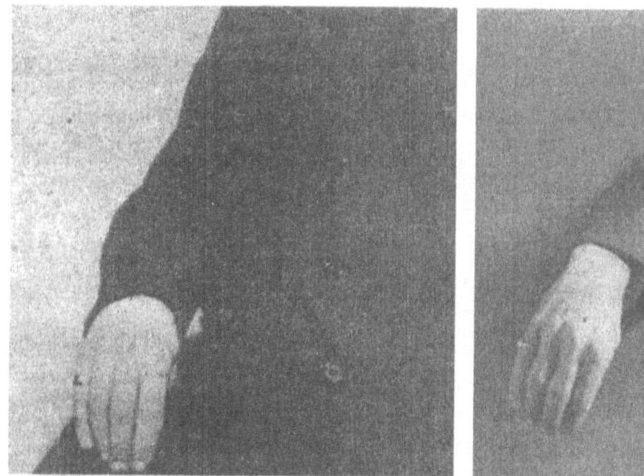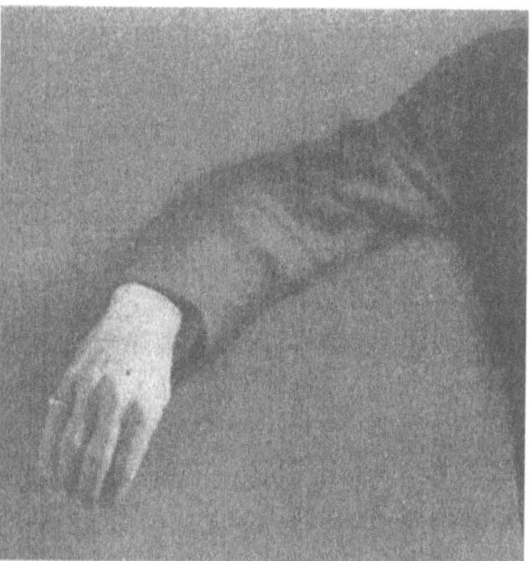

Fig. 1.6. Alexanian, *Traité*, 15. Demostración de la posición del brazo derecho *sin el arco*.

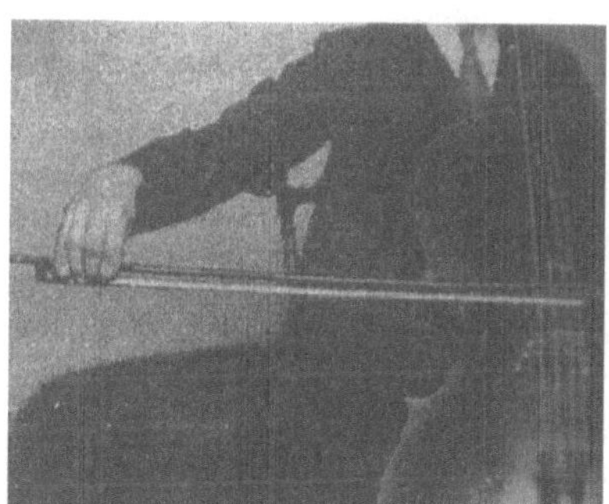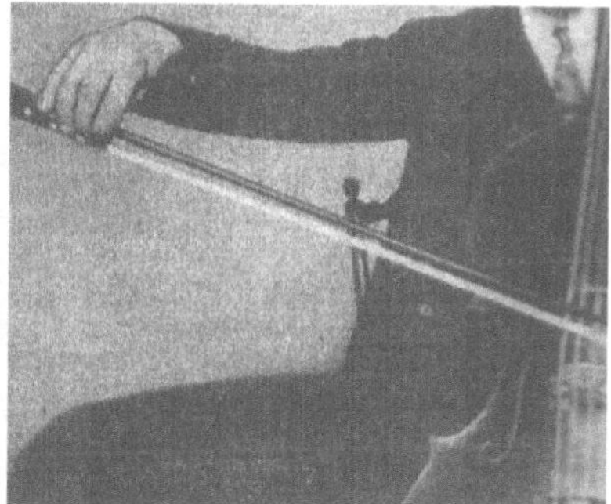

Fig. 1.7. Alexanian, *Traité*, 20. Demostración de la posición del brazo derecho *con el arco*.

1922 tendría un carácter decimonónico si no fuera porque recomienda explícitamente la extensión completa del brazo.

Sujeción del arco

Como había dicho Casals, Courvoisier indica que los cuatro dedos se coloquen apoyados en la vara en oposición al pulgar, «sin apretarlos ni separarlos, sino en una posición fácil y natural, y hacia la izquierda de forma que el dedo índice y el corazón se sitúen en una posición avanzada respecto al pulgar»[36]. Las imágenes a las que remite Casals en la entrevista de 1922 pueden verse en Fig. 1.8.

Courvoisier, en su *Technics* de 1880, defiende el principio que establece la sujeción fija del arco y la movilidad decisiva de la muñeca como base del mecanismo de la mano derecha: «La mano, en efecto, será una con el arco *y totalmente independiente del brazo*. En cada arcada la mano y el arco deben dibujar en el aire una línea recta, y el brazo debe subordinarse completamente a este requisito»[37]. Courvoisier rechaza la inclinación del dorso de la mano o el giro de la muñeca. El sistema explicativo de Courvoisier resulta válido para su aplicación directa al violonchelo: «Si el arco se sujeta ahora de la manera prescrita y se sostiene horizontalmente, se verá que los nudillos de la mano están casi alineados. (...) *El eje de la articulación de la muñeca corre paralelo al arco*»[38] (Fig. 1.8.c). El lector ya habrá podido advertir que Alexanian utilizaría en su *Traité* el mismo sistema explicativo de ejes y planos. Es más, en las fotografías que muestran a Alexanian *con el arco* se puede comprobar que sigue el principio establecido por el violinista suizo. Esto vendría a dar validez a la hipótesis de que, independientemente del grado de aprobación que Casals diera a las ideas desarrolladas en el *Traité*, la publicación de Courvoisier tuvo que haber sido de gran importancia en algún momento temprano de su formación autodidacta.

---

[36] Courvoisier, 1880, 25.

[37] Courvoisier, 1880, 30.

[38] Courvoisier, 1880, 27-28.

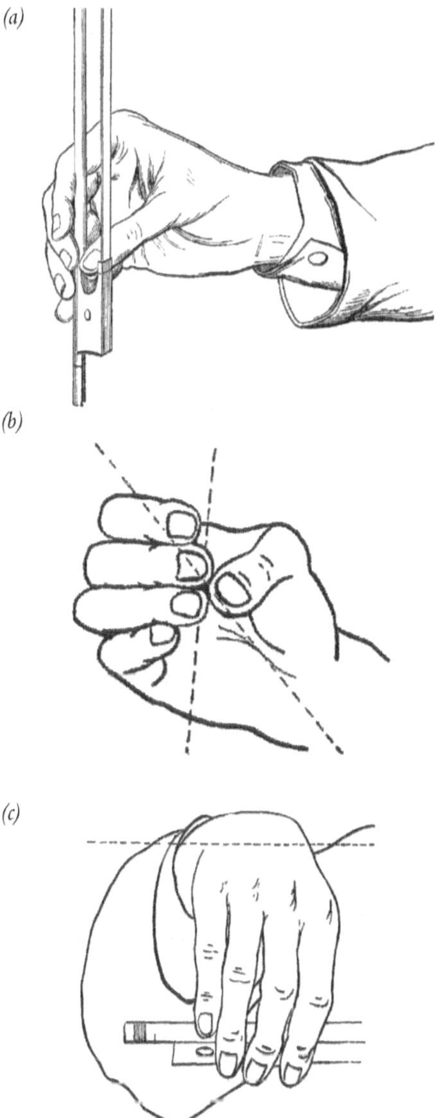

Fig. 1.8. Courvoisier, *The Technics of Violin Playing*,
(a) 25, (b) 27, y (c) 28.

Al defender una posición fija de la mano se podría pensar que Courvoisier estuviera recomendando sujetar el arco con una mano rígida. Carl Flesch escribió que la antigua sujeción del arco alemana se correspondía con la presión contra la vara del envés del dedo índice a la altura de su articulación distal y el pulgar colocado frente al segundo dedo, quedando los demás dedos juntos y presionados entre sí, sin ninguna actividad rotatoria en el antebrazo[39]. Es interesante que Alexanian muestre este tipo de sujeción en su *Traité*, probablemente debido a que se había formado en Alemania con Friedrich Grützmacher. Sin embargo, entre las primeras reglas de Courvoisier (presumiblemente afín a la tradición violinística germana) está que «la mano debe emplear la menor fuerza posible para sostener el arco, de modo que quede completamente libre para controlar los matices del sonido»[40].

Que los dedos 1-2-3-4 se coloquen juntos es una característica común de Casals y Alexanian. Las indicaciones metodológicas a este respecto habían sido dos principalmente en la segunda mitad del diecinueve. Se recomendaba, o bien colocar los dedos relajada y naturalmente sobre la vara, ni demasiado cerca ni demasiado lejos el uno del otro, tal como habían dicho Justus Johann Friedrich Dotzauer o Sebastian Lee[41]; o bien la misma posición relajada pero con una separación mayor entre los dedos índice y medio. Esta segunda era la practicada por la escuela violinística de Bruselas. Straeten-Piatti[42] y Carl Davidoff

---

[39] Flesch, 2000, vol. I, 35.

[40] Courvoisier, 1880, 24.

[41] Véase Dotzauer, 1838, 7; y Lee, 1842, 5.

[42] Alfredo Piatti influyó decisivamente sobre el trabajo de Edmun van der Straeten. Así lo atestigua Straeten cuando en su semblanza de Piatti comenta: «El autor recuer-

son violonchelistas que también defienden la disposición avanzada del índice[43]. Pero si se hace un repaso de los métodos de violonchelo publicados a lo largo del siglo diecinueve, la contribución más interesante sobre la colocación y función del dedo índice es sin duda la de Duport, quien ya había adoptado el nuevo arco de Tourte:

> El índice debe avanzar sobre la vara a una pequeña distancia del dedo medio, y debe ser móvil, porque cuanto más se aleja del dedo medio, más apoyo tiene el arco sobre la cuerda. Esta movilidad, unas veces grande, otras veces media, o a veces casi insensible, dependiendo del caso, es muy necesaria para la expresión[44].

La posición cuadrada de la mano derecha, es decir, la que presenta una muñeca hundida y unos nudillos prominentes (Fig. 1.9) se fue abandonado paulatinamente en favor de una posición redondeada donde la mano cuelga relajadamente de la muñeca. Hay que apuntar que el cambio de sujeción del arco no fue inmediato y generó debate entre los principales pedagogos. Olive-Charlier Vaslin en su *L'Art du violoncelle* aboga por una posición redonda de la muñeca, insistiendo en que cuando el arco se acerca a la punta, esta redondez, si bien desaparece, en ningún caso desemboca en el hundimiento de la muñeca[45]. Carl Schroeder todavía recomienda en su *Katechismus des Violoncellspiels* lo contrario: «La

---

da con agradecimiento la gran cantidad de valiosa ayuda que ha recibido de este gran maestro a la hora de elaborar su *Technics of Violoncello Playing*, y la paciencia con la que comentó difíciles aspectos técnicos». Straeten, 1915, 585.

[43] Vease Davidoff, 1888, 2; y Straeten, 1898, 19.

[44] Duport, 1806, 156.

[45] Vaslin, 1884, 5

(a)

(b)

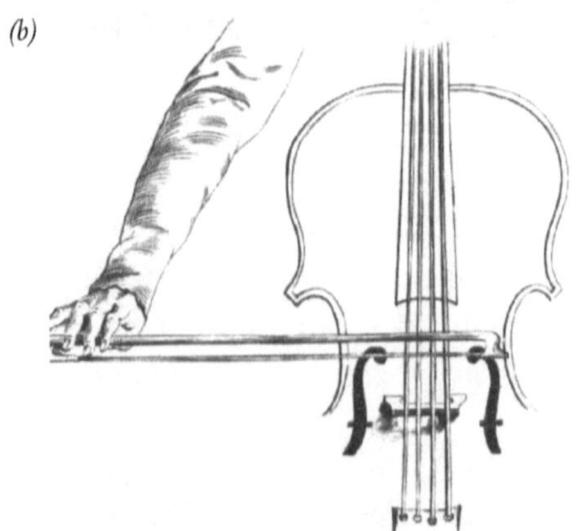

Fig. 1.9. Posición cuadrada de la mano derecha:
(a) Aleksandr Verzhbilovich (1850-1911) y (b)
Chevillard, *Méthode*, 3.

muñeca debe estar elevada cuando se coloca el arco al talón y bajarse poco a poco durante la arcada, de modo que al final de la misma, en la punta del arco, quede completamente hundida»[46]. En consecuencia, la posición que muestra Casals en 1900 y Alexanian en su *Traité* todavía se trata de un manejo transicional del arco: la muñeca elevada a lo largo de toda la arcada, el eje de la mano siempre alineado perpendicularmente con el arco, y un brazo que se despliega desde una posición baja del codo.

Liberación y elevación del brazo

El mecanismo transicional de accionamiento del arco ni contempla la elevación del codo por encima de la muñeca ni la pronación decisiva del antebrazo. Pero puede que las enseñanzas de Courvoisier inspiraran a Casals para la liberación del brazo. El texto de Courvoisier es claro: «No puede haber una posición única para el brazo, sino una para cada cuerda»[47]. O lo que es lo mismo, la colocación del brazo viene determinada por el plano de cada cuerda. En la cuerda *sol* era donde en el violín se permitía la mayor elevación del codo, especialmente cuando se llevaba el arco hacia la punta. El hecho de tener que elevar el codo puntualmente en las cuerdas más graves, para luego tener que bajarlo de regreso al talón, hace que Courvoisier se pregunte si las reglas para la conducción del arco tenían que limitarse exclusivamente al uso de las cuerdas agudas, siendo el mecanismo en las cuerdas graves excepciones a las reglas[48]. La respuesta es contundente:

---

[46] Schroeder, 1893, 24.

[47] Courvoisier, 1880, 34.

[48] Courvoisier, 1880, 34.

La mayoría de los métodos de violín establecen la regla de que la posición correcta del codo en todo momento está lo más cerca posible del cuerpo. Este es otro de esos preceptos superficiales que sólo necesitan ser analizados para mostrar su absurdo[49].

He aquí otra de las contribuciones asociadas a Casals que permitirá liberar el brazo derecho de los violonchelistas. Estudiando sus principios fundamentales sobre la conducción del arco, no es especular demasiado si se afirma que la influencia de Courvoisier puede que fuera el primer paso para la revolucionaria liberación del brazo atribuida a Casals. Se ha repetido continuamente en ensayos y biografías la recurrente anécdota del «libro bajo el brazo»[50], de cómo José García había utilizado con el joven Casals este recurso didáctico para afianzar la posición «correcta» del brazo derecho. Con esta práctica —documentada anteriormente— el brazo derecho del violonchelista estaba condenado a quedar anclado al cuerpo en cualquier plano, e inducía como perjuicio sobrevenido una colocación del violonchelo más alejada y algo oblicua respecto al cuerpo. Las imágenes de Jacobs y Abiatte, por ejemplo, reflejan de hecho una sujeción del violonchelo forzada por la necesidad de cumplir con las normas decimonónicas para la conducción del arco (Fig. 1.1). Courvoisier insiste: «Cuando se toca en una misma cuerda, la relación del brazo hacia el cuerpo debe permanecer sin cambios mientras el arco se mueve de la punta al talón»[51]. Esta recomendación aparecerá en el *Traité* planteada de

---

[49] Courvoisier, 1880, 34.

[50] Véase Stowell, 2004, 80; y Philip, 2004, 195.

[51] Courvoisier, 1880, 33.

otra forma. Alexanian escribe que es la curvatura del puente la que provoca una modificación de la posición del codo respecto al cuerpo[52].

Casals en 1900 parece haber liberado su brazo según las recomendaciones de Courvoisier, pero todavía mantiene una posición baja del codo, es decir, no lo eleva por encima de la muñeca. El siguiente paso evolutivo será elevar el codo sobre la muñeca y activar con eficiencia el movimiento de pronación en la articulación del codo. El violonchelista Steven De'ak escribe que cuando escuchó a Casals en 1912 observó que «tocaba en la parte superior del arco sin bajar la muñeca, lo que compensaba con una pronación gradual y la elevación del brazo»[53].

Sin desdeñar la mención que Casals hace a Courvoisier, la influencia definitiva para la elevación del codo puede que también haya que buscarla en su propio círculo musical. Un repaso de la biografía de Casals permite comprobar que los violinistas con los que más frecuentemente colaboró desde su llegada a Paris hasta la Gran Guerra, Jacques Thibaud y Georges Enescu, ya otorgaban gran libertad y amplitud de movimiento al brazo y tocaban con el codo bastante elevado (Fig. 1.10). Gracias al vínculo personal y musical que mantuvo con ambos violinistas, y con otros referentes como Eugène Ysaÿe o Fritz Kreisler[54], Casals pudo observar de primera mano la importancia que tenía la liberación del brazo para el mecanismo del arco y para la búsqueda del carácter violinístico que él quería para el violonchelo.

---

[52] Alexanian, 1922, 18.
[53] De'ak, 1980, 240.
[54] Corredor, 1975, 246,

Fig. 1.10. Los violinistas Jacques Thibaud y Georges Enescu.

La pronación del antebrazo

Desde una posición del codo baja y pegada al cuerpo resulta forzado, por no decir casi imposible, activar con eficiencia la pronación del antebrazo. En esta posición el antebrazo apenas tiene margen de movilidad, de ahí que el papel del índice y del pulgar en el control de la intensidad del sonido hubiera sido fundamental bajo el paradigma de «el brazo al cuerpo». Violonchelistas como Sebastian Lee, primero, o Alfredo Piatti, después, recomendaron empleando idénticas palabras que cuando hay que usar toda la longitud del arco es esencial mantener bien abierto el codo del brazo derecho[55].Y añaden algo que ya se ha apuntado: «La parte superior del brazo siempre debe estar cerca del cuerpo y es el antebrazo el que debe ejecutar todos los movimientos del arco. El hombro y la parte superior del brazo deben permanecer casi inmóviles»[56]. Lo mismo había escrito Friedrich August Kummer en su *Violoncell-Schule* (1839) —cuya versión francesa sería publicada un año más tarde como *Méthode élémentaire de violoncelle*—; sin embargo, la ilustración que incluye en su método (Fig. 1.11) muestra a un violonchelista que extiende el brazo hacia la punta separándolo del cuerpo y, al contrario de otras litografías y fotografías del diecinueve, con una posición inclinada de los dedos, lo que claramente es el resultado del movimiento rotatorio del antebrazo. Kummer exige la extensión completa del brazo en la cuerda *la* (Ej. 1.1).

Piatti recomienda un brazo pegado al cuerpo y admite también que el brazo tiene que desplegarse para las arcadas más amplias, aunque en su *Méthode de violoncelle* (1878) no existe referencia alguna a la pronación. No obstante, hay constancia de que Piatti influyó decisivamente en las ideas que se recogen en *Technics of violoncello playing* (1898) de Straeten, manual que apareció —según el propio autor— para suplir la falta de exhaustividad de que adolecían los métodos tradicionales en el tratamiento de los aspectos básicos del mecanismo. Pues bien, aquí Straeten describe la pronación y la supinación como asistentes para obtener las dinámicas más extremas, *pianissimo* y *fortissimo*:

---

[55] Véase Lee, 1842, 5; y Piatti, 1878, 3.
[56] Piatti, 1878, 3.

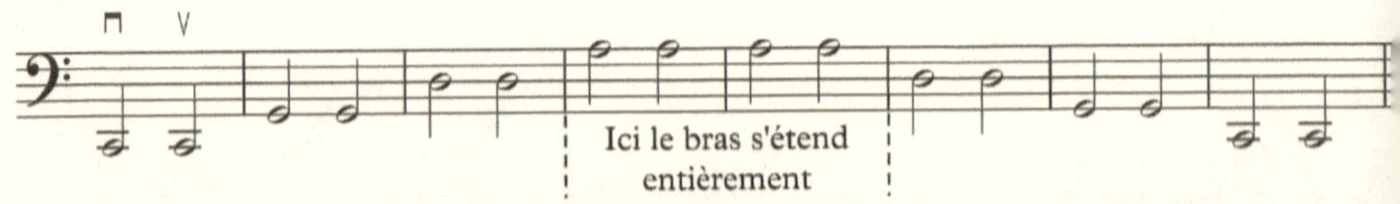

Fig. 1.11. Kummer, *Méthode*, op. 60.

Ej. 1.1. Kummer, *Méthode*, 5. *Premières Études*.

El índice presiona el arco sobre la cuerda y recibe fuerza adicional cuando se gira la mano de derecha a izquierda desde la articulación del codo, mientras que el movimiento opuesto, acompañado de una presión del cuarto dedo, levantará el arco de la cuerda[57].

A pesar de que con un codo bajo el movimiento pronatorio en la articulación del codo es muy limitado, este movimiento fue empleado de forma consciente por los violonchelistas románticos. Además, la recomendación unánime de que la parte superior del brazo estuviera siempre lo más cerca posible del cuerpo puede que no hubiera sido óbice para que en ese *bien ouvrir le coude* hubiera estado implícita cierta separación del brazo respecto al cuerpo. La mayor o menor separación del brazo habría dependido en parte de la colocación del violonchelo.

Fisiología aplicada a la conducción del arco

Un nuevo acercamiento a los textos de Courvoisier desvela que su *Technics* de 1880 todavía describe el manejo del arco según la tradición de la antigua escuela alemana. Sin embargo, la revisión de 1894 ya establece la pronación del codo como el primer requisito mecánico del arco: «La facultad de girar el antebrazo bastante hacia adentro para obtener una presión sólida sobre la cuerda en todo el arco, ya sea en los acentos o en el sonido fuerte continuo»[58]. No se puede afirmar con rotundidad que Casals hubiera tomado conciencia de la importancia de la liberación del codo y del movimiento pronatorio del antebrazo

---

[57] Straeten, 1898, 21.
[58] Courvoisier, 1894, 6.

únicamente gracias a Courvoisier, porque en aquellos años apareció un trabajo que por su repercusión inmediata también habría que tenerse en cuenta: *Die Physiologie der Bogenführung auf den Streich-Instrumenten* (1903) de Friedrich Adolf Steinhausen (1859-1910). Hoy olvidado, fue clave para establecer el cambio de paradigma en el manejo de arco.

Steinhausen, fisiólogo y violinista aficionado, irrumpe de manera decisiva para traer al ámbito de los instrumentos de cuerda nuevas preocupaciones que truncarían el conservadurismo arraigado en la tradición pedagógica[59]. El objetivo de su investigación fue definir los principios que regulan los movimientos de todo el mecanismo del brazo derecho. Steinhausen reivindica una coordinación natural, dinámica y armoniosa de los movimientos y rechaza algunas enseñanzas que estaban extendidas en su época, como la exigencia de un brazo derecho fijo y pegado al cuerpo, la sujeción rígida del arco sin tener en cuenta la flexibilidad de los dedos, o los cambios de arco rectos, tal como los había definido Straeten: «Al cambiar de arco abajo a arco arriba, la nueva arcada debe ser atacada exactamente de la misma manera que se abandonó la primera, es decir, exactamente con la misma cantidad de presión y sin el menor cambio en la posición de la muñeca»[60].

De'ak confirma que las teorías de Steinhausen tuvieron un gran impacto en la interpretación, puesto que hasta ese momento no se enseñaba la técnica desde el punto de vista de la fisiología del movimiento humano. Asimismo, opina que el

---

[59] Publicado por Breitkopf & Härtel, este ensayo tuvo cinco ediciones entre 1903 y 1928. La traducción al italiano publicada en 1922, que es la que se ha utilizado para este trabajo, está basada en la tercera edición alemana.

[60] Straeten, 1898, 33.

fisiólogo alemán «impulsó la enseñanza analítica y reforzó el trabajo de aquellos artistas que habían llegado empíricamente a una correcta conducción del arco, iluminando a los que tenían dudas sobre su propio mecanismo»[61]. Flesch reconoce en el primer volumen de su *Die Kunst des Violinspiels* (1923) que el análisis de la fisiología de la conducción del arco llevado a cabo por Steinhausen fue fundamental para comprender el mecanismo que gobierna todo el miembro superior derecho: «Su opinión ha sido confirmada tanto por su lógica convincente como a través de la aplicación práctica»[62]. Konstantin Mostras, profesor de Ivan Galamian, copia en su *Die Intonation auf der Violine* (1947) todo el capítulo de Steinhausen sobre la producción del sonido. Por su parte, Janos Starker destaca en su ensayo *An organised method of string playing* (1979)[63] la importancia que las ideas de Steinhausen tuvieron para su profesor, el violinista húngaro Imre Waldbauer, ideas que transmitió a sus alumnos, entre los que también se encontraba Paul Rolland[64].

Dos importantes publicaciones adaptarán con cierta inmediatez las teorías de Steinhausen a la pedagogía del violonchelo. Primero aparecerá *The Art of Tone-Production on the Violoncello* (1913) de Emil Krall, trabajo que se reeditará en 1917 y 1923. Más tarde, Hugo Becker publicará su *Mechanik und Ästhetik des Violoncellspiels* (1929). Aunque este tratado fue publicado posteriormente, Becker afirma que él fue el primero en valorar con entusiasmo el ensayo de Steinhausen ante el escepticismo de la mayoría de los intérpretes. Profundizando en

---

[61] De'ak, 1980, 263.
[62] Flesch, 2000, 38.
[63] Starker, 1979, 134.
[64] Richter, 2011, 36.

las teorías de Steinhausen, llega al convencimiento de que es necesaria una nueva pedagogía del violonchelo en la que tengan cabida no sólo los intérpretes y pedagogos, sino también los científicos[65]. Por este motivo, desde la aparición de *Die Physiologie der Bogenführung auf den Streich-Instrumenten*, Becker comienza a trabajar con Steinhausen en la revisión desde cero de todos los aspectos de la técnica violonchelística, aportando su experiencia como solista y profesor. Sin embargo, este trabajo se vería truncado con la muerte prematura del fisiólogo en 1910[66].

La teoría de Steinhausen

Un breve repaso de la teoría de Steinhausen proporcionará una mejor comprensión de las consecuencias que tuvo para la conducción del arco y permitirá observar su semejanza con ciertas ideas que se han atribuido a Casals y que tendrán un importante desarrollo en los continuadores de su escuela[67]. Se comenzará retomando la cuestión de la posición del brazo derecho. Becker:

> Para que el antebrazo pueda ejercer [hacia la punta] simultáneamente la fuerza mediante la pronación y el movimiento de conducción del arco, el codo debe mantenerse en una posición intermedia, ni demasiado alto ni demasiado bajo. En el primer caso los brazos estarían sometidos a demasiada tensión. En el segundo, afectaría al componente pronación

---

[65] Becker, 1929, 9.

[66] Becker, 1929, 10.

[67] Compruébense las contribuciones de Juliette Alvin, Vivien Mackie o Christopher Bunting.

del movimiento, debilitando el arco hacia la punta y, por lo tanto, reduciendo la amplitud de oscilación de la cuerda[68].

Becker viene a ratificar lo que ya había dicho el método del Conservatoire de Paris más de un siglo antes[69]. Resulta, pues, que la separación del codo respecto al cuerpo es fundamental para la concepción de todo el mecanismo del miembro superior derecho, ya que permite la pronación natural del antebrazo. La pronación es un elemento crucial introducido por Steinhausen: el movimiento rotatorio del antebrazo aplicado a la conducción del arco. Gracias al doble movimiento del codo (flexión-extensión y rotación) «la articulación del codo es el centro de todo el mecanismo de la conducción del arco. Las dos partes principales del mecanismo convergen allí: la parte superior que da la fuerza y la inferior que la transmite»[70]. La pronación consiste en el movimiento de rotación del antebrazo hacia la izquierda en la articulación del codo, mientras que la supinación es la rotación del antebrazo en el sentido contrario, esto es, en el sentido de las agujas del reloj. Este movimiento de rotación tiene en el arco un *eje de accionamiento* [Spielachse][71] que —según Becker— es la línea imaginaria entre el punto de apoyo del pulgar y, aproximadamente, el punto intermedio entre los dedos segundo y tercero[72]. El balance y la presión del arco sobre la cuerda en cada momento dependen del equilibrio que los dedos índice y meñique ejerzan en torno a este eje de accionamiento.

---

[68] Becker, 1929, 38-39.

[69] Léase cita 21.

[70] Steinhausen, 1922, 91.

[71] Becker, 1929, 31.

[72] Steinhausen, por su parte, establece que son el segundo y el pulgar los dedos que conforman el eje de accionamiento. Steinhausen, 1922, 73.

El despliegue del mecanismo del arco se basa en un sistema jerárquico que regula la actividad muscular de todo el brazo. Steinhausen enfatiza que, en primera instancia, hay que tener una imagen mental del movimiento que, independientemente de la naturaleza del mismo, siempre está determinado por un mapa de inervación motora que se activa a través del sistema nervioso[73]. Dentro de esta jerarquía hay que distinguir entre movimientos activos y movimientos pasivos, que se relacionarían, respectivamente, con una mayor o menor capacidad muscular y con una mayor o menor libertad de movimientos en las articulaciones. Krall: «¡Sólo tenemos *movimientos activos* en la parte superior del brazo! ¡Bajo este, todos los movimientos del antebrazo, la muñeca, la mano y los dedos se vuelven relativamente *pasivos!*»[74]. Por lo tanto, es el brazo el que lidera el accionamiento del arco desde el hombro, provocando la concatenación natural, armónica y elástica de todas las partes. El resultado es una suerte de sistema de palancas que cuelgan del hombro y que accionan el arco que reposa en la cuerda[75]. La mano, subordinada, asume la función de mediadora flexible que transfiere los movimientos activos promovidos por el brazo, dejando la mayor libertad de movimiento posible al arco. La articulación de la muñeca y las articulaciones de los dedos, incluidas las del pulgar, forman un sistema articular unitario[76]. Ninguna articulación puede quedar tiránicamente fijada, ya que rompería la armonía natural en la coordinación de todos los componentes del complejo. Por otra parte, el empuje lateral del brazo hacia la derecha, arco abajo, o

---

[73] Steinhausen, 1922, 51.

[74] Krall, 1917, 18.

[75] Krall, 1917, 29.

[76] Becker, 1929, 33.

hacia la izquierda, arco arriba, hace que la muñeca y los dedos adquieran también un movimiento lateral pasivo[77].

Otra técnica propuesta por Steinhausen que tendrá gran desarrollo en el futuro son los cambios de arco en curva. Mediante este recurso se busca que en el momento del cambio de arco no haya una interrupción en el flujo del movimiento y, en consecuencia, una interrupción de las vibraciones de la cuerda que provoque que el cambio sea audible.

> Debido a la parada momentánea, tanto las interrupciones y las pausas en la sucesión de ambas arcadas como los sonidos impuros y los ruidos antimusicales son inevitables, incluso para los que han estudiado [los cambios] durante mucho tiempo. En cambio, si se transforma un movimiento en otro, por medio de una continuación ininterrumpida, como sucede en las curvas cerradas, el problema del cambio de arco, que se corresponde con una necesidad musical, puede decirse entonces que está resuelto mecánicamente[78].

Para ello es necesaria la asistencia pasiva de los dedos y la mano, evitando que esta elasticidad no perturbe la perpendicularidad del arco sobre la cuerda[79]: «Guiamos la mano sobre el arco (no el arco en sí) en líneas curvas alrededor del punto cero»[80]. Este punto cero es aquel donde el arco cambia de dirección. La curva que dibuja la mano puede adoptar la figura ∞ o una forma elíptica. Siguiendo lo dicho por Steinhausen[81],

---

[77] Krall, 1917, 58.

[78] Steinhausen, 1922, 111.

[79] Becker, 1929, 42.

[80] Becker, 1929, 42.

[81] Steinhausen, 1922, 111.

Krall considera la primera más adecuada para las arcadas lentas y amplias, y la segunda para las arcadas más cortas y rápidas[82].

Casals reconoció en más de una ocasión que el aprendizaje nunca cesó y la búsqueda fue una constante a lo largo de su vida, que en cualquier ámbito podía encontrar ideas que le inspiraran para mejorar su propia interpretación del violonchelo. Aunque Courvoisier en su *Technics* de 1894 considera (abandonando los antiguos preceptos de la escuela alemana y rectificándose a sí mismo) el movimiento rotatorio del antebrazo como el primer requisito mecánico del arco, resulta difícil pensar que la teoría de Steinhausen, que tuvo un impacto casi inmediato y reacciones tanto a favor como en contra entre los intérpretes de cuerda, no hubiera sido una nueva fuente de inspiración para un músico inquieto que perseverantemente razonaba y seleccionaba los medios para alcanzar la técnica óptima a través de la relajación, la higiene postural y los movimientos más ergonómicos para la interpretación del violonchelo[83]. Junto a la definitiva elevación del codo y la pronación del antebrazo, Borisyak describe el mecanismo del cambio de arco en curva en Casals:

> En las notas fuertes Casals acciona la muñeca de manera que, a falta de tres o cuatro centímetros del final del arco, agrega al movimiento de la mano un ligero movimiento de la muñeca en la misma dirección. Luego, volviendo la muñeca a su posición anterior, comienza una nueva arcada[84].

---

[82] Krall, 1917, 34.

[83] Véase Corredor, 1975, 238-39.

[84] Borisyak, 1929, 36.

Sus alumnos ya incorporaron el movimiento de pronación como un elemento mecánico básico. Guilhermina Suggia (1885-1950) y Gaspar Cassadó (1897-1966), que comenzaron a estudiar con Casals en París casi de manera simultánea en 1906, muestran claramente la nueva actitud del brazo derecho (Figs. 1.12 y 1.13). Borisyak, desde el concepto de «peso», detalla las condiciones para la activación de la rotación del antebrazo:

> El peso de la mano se concentra en dos dedos: el primero, que presiona la vara desde arriba, y el pulgar que, más a la derecha, presiona desde abajo. Cuanto más se aleja de la cuerda, la presión es más fuerte, siendo la misma intensidad, ya que la palanca se alarga. (...) No son los propios dedos los que producen esta presión, sino que ella viene provocada por la rotación flexible del antebrazo[85].

Reflexión

Casals supo ver que la renovación de la expresión del arco, y del carácter del violonchelo en general, requería una revisión de la biomecánica básica aplicada a la ejecución del violonchelo que llevara a una reformulación de los principios técnicos establecidos. En este primer capítulo se ha intentado determinar la procedencia de los principios relacionados con la técnica del arco. Las evidencias llevan a concluir que las fuentes fueron sobre todo violinísticas. Aunque Casals confesó que aprendió también de los violonchelistas, no se han podido encontrar nombres propios más allá de su maestro José García.

---

[85] Borisyak, 1929, 31-32.

El cambio de paradigma en la concepción del mecanismo del arco que Casals abandera fue paulatino y parece iniciarse cuando llega a Paris y entra en contacto con los grandes violinistas que conformarán su círculo musical. De ahí que Casals en 1900 no presente la misma actitud postural que el fotografiado con posterioridad. El punto de partida fue, sin duda, un brazo derecho pegado al cuerpo que provocaba posturas muy forzadas en los violonchelistas, quienes sufrían además el hándicap de que no habían encontrado una postura estandarizada tras la reciente incorporación de la pica. Por lo demás, la teoría de Steinhausen, tal como afirman Flesch y De'ak, testigos directos de este cambio, permitió comprender los movimientos y las fuerzas que, en armónica relación, regulan la dinámica del miembro superior derecho. Steinhausen vino a dar rigor científico a la idea de que es el brazo el que lidera la dinámica del arco, que son el brazo y el antebrazo los que dan la fuerza, y que la muñeca y los dedos funcionan como transmisores pasivos de la misma.

La intrigante mención de Casals a *The Technics of Violin Playing* de Courvoisier tuvo que ser crucial para la concepción de la mano derecha en algún momento inicial de su aprendizaje autodidacta. La hipótesis que se planteaba, la de que Casals tuvo que recurrir a Courvoisier porque no estaba totalmente de acuerdo con algunas de las indicaciones recogidas en el *Traité théorique et pratique du violoncelle* (1922), ha podido confirmarse. El método de Alexanian no sólo es confuso en su planteamiento y en la exposición de ciertas ideas, sino que muestra a un violonchelista cuya técnica del arco conserva muchos elementos de la escuela alemana del siglo diecinueve.

Fig. 1.12. Guilhermina
Suggia en 1909.

Fig. 1.13. Gaspar
Cassadó en 1907

La estética del arco

> El arco no debería hacer más movimientos para producir un
> discurso musical que la lengua humana para formar las sílabas
> de una palabra[86].
>
> Pau Casals

Durante el romanticismo la interpretación musical siguió un modelo expresivo basado en la prosodia y en un sistema de comunicación de gran carga emocional. La irrupción de los virtuosos románticos trajo consigo una concepción fantástica y poderosa de la técnica instrumental y también la explotación de los recursos expresivos vocales que más se asociaron a la intensidad de sentimiento: el *vibrato* y el *portamento*. El dispositivo gestual fue otro de los recursos fundamentales del virtuoso dramático: el énfasis en el ademán calculado, la actitud del cuerpo con la que se exterioriza cada estado de ánimo, en definitiva, excesos que buscaban la empatía emocional con el oyente. Al mismo tiempo, estos excesos estaban ligados a nuevos ámbitos de consumo musical: grandes espacios llenos de público que quería ser sorprendido y tocado en su sentimiento. La búsqueda del efecto, la necesidad de declamar con el instrumento, de proyectarlo todo en un tono elevado, derivó en un arco enfático y en la búsqueda de mayor sonoridad. La práctica, condenada por Casals, de atacar suavemente una nota para después hincharla con gran presión, convirtiéndola en burda y sentimentaloide, o

---

[86] Casals (en *String Mastery*), 1923, 228.

la de tocar continuamente con todo el arco, estaban extendidas entre los violinistas y los violonchelistas[87]. La reflexión del violinista Eugène Sauzay (1809-1901) es reveladora del estilo que imperaba en la práctica instrumental en la segunda mitad del diecinueve:

> ¿Es nuestro violín, nuestro ideal, el extravagante intérprete que se reconoce inmediatamente por el *glissando*, por el *vibrato* epiléptico o por el golpe de arco golpeado; para quien cada frase termina con una nota violenta para demostrar que es fuerte y que no teme a nada; para quien todo lo que es ritmo o diseño melódico se sacrifica por el deseo de ir y atrapar al vuelo, en la parte superior del diapasón, un armónico que no tiene relación con el resto de los sonidos, acrobacias musicales compuestas de saltos mortales en todas direcciones; quien en un *allegro* convierte el más pequeño canto en un *adagio disperato*, sin olvidar el fatal *tempo rubato*, y retoma la marcha nuevamente tan pronto como el pasaje comienza de nuevo; quien, finalmente, transforma su noble instrumento en una guitarra o una flauta, dependiendo del tipo de pieza que interpreta, incluso desafinando si es necesario, en beneficio de lo excéntrico y lo barroco?[88]

Casals declara su rechazo frontal al estilo de la escuela dramática y de la escuela de virtuosismo[89]. En los comienzos de su carrera ya albergaba sentimientos elevados y nobles hacia la práctica artística, buscando el equilibrio entre sensibilidad y reflexión. Su aspiración era siempre poner la técnica únicamente

---

[87] Véase Tobel, 1945, 89; y Corredor, 1975, 242.

[88] Sauzay, 1889, 46-47.

[89] Casals (en *String Mastery*), 1923, 227.

al servicio de la expresión del pensamiento musical, y no al servicio del instrumento, del ego del virtuoso o de la inexperiencia y la trivialidad en el arte. Aunque las prácticas excéntricas de los virtuosos dramáticos fueron atenuándose durante la segunda mitad del siglo diecinueve, el *vibrato* y el *portamento*, los principales recursos expresivos que ellos habían puesto de moda, mantuvieron su vigencia hasta el cambio de siglo. En el futuro ambos recursos correrán distinta suerte.

La aventura de reflexionar sobre las cualidades del sonido de los intrumentistas de cuerda sigue siendo una tarea algo especulativa si se tiene en cuenta que aún queda mucho por conocer sobre las características aurales del hecho musical en la época anterior a la llegada de los primeros registros sonoros. No obstante, el hallazago de nuevos testimonios y el estudio atento de los documentos ya conocidos ayudan a elaborar nuevas conjeturas que permiten aportar luz sobre la evolución del estilo interpretativo en la era pre-Casals. Una de las cuestiones que parece confirmarse es que una de las preocupaciones crecientes de los músicos románticos, y en especial de los violonchelistas, fue la búsqueda de mayor sonoridad. Casals: «Esta preocupación ha conducido a menudo al abuso de la fuerza sobre la cuerda; el resultado ha sido el empobrecimiento del interés musical y una constante impresión de monotonía por falta de matices»[90]. Hugo Becker coincide con Casals cuando se lamenta de que los violonchelistas estaban obsesionados por la adquisición de un gran sonido: «La grandeza en la interpretación y en la expresión no se reduce exclusivamente al gran volumen de sonido»[91]. La

---

[90] Casals (en *Pablo Casals cuenta su vida*), 1975, 242.
[91] Becker, 1929, 215.

opinión de un columnista neoyorquino tras asistir a un concierto del violonchelista Joseph Hollman en 1892 parece confirmar este hecho: «Su sonido es simplemente enorme en volumen, pero no es un sonido agradable de escuchar»[92]. Por otra parte, las grabaciones del primer quindenio del siglo veinte muestran que un tipo de sonido incisivo y plano, a veces muy forzado, era común entre los violonchelistas de distintas nacionalidades[93]. Casals apunta al principio de *l'archet à la corde* como el causante de esta degeneración expresiva[94]. A continuación se estudiarán las implicaciones que tiene este principio para el sonido y para el manejo del arco y las fuentes que inspiraron a Casals para la renovación de la expresión del arco.

El sonido *archet à la corde*

El concepto *archet à la corde* es complejo. Olive-Charlier Vaslin es el violonchelista que más empeño pone en definirlo: «¡*L'archet à la corde*! ... hay que sentirlo, no se puede explicar»[95]. El propio término no define la naturaleza del sonido al que hace referencia ni la técnica necesaria para producirlo, aunque las grabaciones históricas dan muchas pistas sobre su carácter. Asociado principalmente al *cantabile*, se relaciona con una forma de tocar en la que se exprime la adherencia elástica entre las crines y la cuerda o, lo que es lo mismo, se trabaja con la retención

---

[92] *The New York Times*, 10 de diciembre de 1892, 18.

[93] Un sonido que, por otra parte, a veces se ha dicho que venía provocado por las necesidades que imponían los rudimentarios medios de grabación. Véase Leech-Wilkinson, 2011, 9-22.

[94] Véase Corredor, 1975, 242; y Martens, 1923, 228.

[95] Vaslin, 1884, 6.

del arco[96]. Las crines están siempre «dentro de la cuerda» y como resultado se obtiene un sonido concentrado e incisivo.

El mal sonido proviene de una mala conducción del arco, y la falta de *archet à la corde* de la intemperancia de los movimientos, porque poseer *l'archet à la corde* significa saber cómo mantener el arco en la cuerda con firmeza, asegurando la regularidad de la trayectoria, siendo capaz de moderarla con independencia del grado de fuerza o ligereza que se utilice. Todo ello conservando la elasticidad en las cerdas *à la corde*, principio primordial del sonido[97].

La tradición de la escuela francesa había sido ampliamente difundida en España gracias al magisterio de Víctor Mirecki (1847-1921) en el Conservatorio de Madrid[98]. Uno de sus primeros y más destacados alumnos sería el granadino Alfredo Larrocha (1866-1946), quien a partir de 1884 se trasladaría a Paris para proseguir sus estudios con Jules Delsart[99]. Larrocha también menciona en su *Manual del violinista* (1938) este concepto: «El *arco a la cuerda*, como se dice en el lenguaje profesional, es una de las bases más importantes de la técnica del arco para todo violinista o cellista de talento: la fluidez y la elasticidad, el sonido pastoso y amplio»[100].

---

[96] Flesch, 2000, vol. I, 66.

[97] Vaslin, 1884, 6.

[98] No deja de ser intrigante que, estando matriculado en el Conservatorio de Madrid, Casals no estudiara con Mirecki, alumno de Auguste Franchomme y reputado virtuoso. Además, Mirecki estaba en aquellos años estrechamente vinculado a Jesús de Monasterio en la Sociedad de Cuartetos. Véase Baldock, 1994, 44.

[99] Cuenca, 1927, 149.

[100] Larrocha, 1938, 46.

Un elemento básico de *l'archet à la corde* es la retención [*retenue*], cuya práctica es también necesaria para la correcta distribución del arco. *La retenue d'archet* está intrínsecamente ligada al principio de la conducción lenta del arco, *la lenteur*, en contraposición a la conducción rápida, *la vitesse*. Así es como Baillot había codificado en su *L'Art du violon* (1834) la evolución de los dos usos básicos del arco dieciochesco, lo que Tartini había llamado *cantabile* y *sonabile*. *La lenteur de l'archet* se asocia al canto, a hacer vibrar la cuerda con igualdad, al mantenimiento y la conexión de los sonidos, a la ausencia de tirones y abruptos, e imprime a la música «un sentimiento profundo y concentrado»[101]. La influencia de Baillot sobre la escuela violonchelística francesa es incuestionable[102]. Para Vaslin *le beau son* está inexorablemente unido al principio de *l'archet à la corde*[103]. Él reconoce la dificultad de la retención del arco en el violonchelo una vez que se ha adquirido destreza y mayor habilidad con el arco. Mantener continuamente el arco dentro de la cuerda, trabajando con toda la adherencia de las cerdas, obliga a tocar con un arco lento y apoyado, más cercano al puente y con una velocidad siempre constante. Esta retención es rebelde [*rebelle*] en el violonchelo, debido a la resistencia que ofrece la cuerda bajo esta disciplina del arco[104]. El control que se obtiene ayuda a distribuir el arco correctamente cuando se ligan dos o más notas, porque —según Vaslin— la tendencia natural es gastar demasiado arco en la primera o en las primeras notas de una ligadura, dejando menos cantidad de arco para las últimas, lo que termina afectando a

---

[101] Baillot, 1834, 98.
[102] Véase Vaslin, 1884, II.
[103] Vaslin, 1884, 9.
[104] Vaslin, 1884, 16.

la calidad e igualdad del sonido y al *tempo*. Aquí introduce una nueva idea relacionada con *l'archet à la corde*, la idea de *affinité*:

> *L'affinité* es el hecho de que dos notas bien hechas deben parecerse por la calidad del sonido, por la articulación, por su tendencia natural a ser de la misma familia, ya sean notas de valor igual o desigual, ya sea que notas ligadas sucedan a notas separadas o viceversa[105].

Resulta obligado acercarse al texto de Vaslin de cara a una interpretación históricamente informada del repertorio de la segunda mitad del siglo diecinueve, ya que explica con gran detalle el mecanismo a seguir para lograr la afinidad y la igualdad entre las notas, ya sean ligadas o sueltas. Vaslin explica que el estudio de la distribución del arco previene contra el mal sonido y la falta de *archet à la corde*, entendiendo que la distribución del arco no es sólo dar a cada nota de una ligadura la cantidad de arco adecuada a su valor, sino también dar a cualquier nota sostenida la cantidad de arco relacionada con cada fracción de su valor[106]. La retención del arco, el concepto de afinidad, el afán por igualar el sonido, la búsqueda de mayor sonoridad y la obsesión analítica por la distribución del arco son elementos que llevarán a la sonoridad forzada y a la monotonía expresiva en el *cantabile*. De hecho, en el rechazo de Casals a *l'archet à la corde* se encuentra también su oposición al *legato* absoluto[107], en favor de un *legato* muy articulado: un *legato* que se trabajaba por un lado desde el *portato* y la acción de los dedos de la mano derecha, y

---

[105] Vaslin, 1884, 8.
[106] Vaslin, 1884, p. 6.
[107] Tobel, 1945, 94.

por otro desde la técnica de la percusión y los cambios de posición pianísticos. Las propuestas de Casals para la técnica de la mano izquierda se tratarán ampliamente más adelante.

Carl Flesch había dicho que una de las cualidades más preciadas de una técnica refinada de arco era la capacidad de interpretar una *cantilena* con arcadas extensas y lentas, evitando los cambios de arco demasiado frecuentes[108]. Esta afirmación está enraizada en el ideal sonoro de la tradición de la escuela clásica, en la que el arco es para el instrumentista de cuerda lo que la respiración para el cantante. Si Bernhard Romberg había dicho que la ejecución de gran cantidad de notas en un mismo arco era sinónimo de un estilo elevado [*schönen Spiel*][109], Vaslin, asociando a *l'archet à la corde* la posibilidad de ejecutar ligaduras más largas, critica al violonchelista que rompe, por ejemplo, la ligadura de una frase en dos arcos donde el compositor ha escrito una solo. Cuando es posible evitarlo «se consigue un estilo más refinado, en consecuencia más elegante, más en la mente del autor, finalmente más racional»[110]. Las grandes ligaduras que aparecen en el repertorio romántico, a veces sorprendentes desde una óptica moderna, se derivan de un ideal sonoro indisociable del concepto *retenue d'archet*, elemento esencial para la expresión del *cantabile sostenuto* y de extensos pasajes ligados.

Pero el término *archet à la corde* no se restringe únicamente a la ejecución de arcadas largas. Mediante la siguiente reflexión, Vaslin describe la importancia de que el arco, en términos generales, entre bien en la cuerda para obtener un buen sonido:

---

[108] Flesch, 2000, vol. I, 69.

[109] Romberg, 1840, 89.

[110] Vaslin, 1884, 9.

Si en una larga serie de notas ligadas, cada nota sólo puede tener poca cantidad de arco, ¿no sería lógico proceder de la misma manera en todos los pasajes rápidos y dar a cada nota únicamente la cantidad de arco suficiente para pronunciarla? Con un movimiento reducido, especialmente en la parte elástica de la crin, hay tiempo para entrar bien en la cuerda en lugar de barrerla[111].

Se puede apreciar que Vaslin advierte sobre la pérdida de contacto con la cuerda en los pasajes que requieren arcadas más cortas y rápidas, apelando a la correcta distribución, mediante la compresión, del arco. Parece ser que esta era una característica sonora habitual en los pasajes rápidos: el sonido inconsistente derivado de frotar las cuerdas con poca presión y gran cantidad de arco. Flesch menciona precisamente el sonido sucio de los violonchelistas en la ejecución del *détaché* como algo generalizado. Si este golpe de arco no resultaba del todo fácil en el violín, el carácter pesado del violonchelo y sus cuerdas de tripa más gruesas complicaban más aún su ejecución. El principio de *l'archet à la corde*, que exigía tocar con un arco corto y concentrado, prevenía contra la pérdida de calidad en el sonido.

La ejecución perfecta del *détaché* generalmente falla porque se acerca demasiado el arco al puente. En el caso de los violonchelistas, casi nunca se escucha este golpe de arco sin los ruidos que lo acompañan. (...) La costumbre orquestal del uso exagerado de grandes arcadas para el *détaché* también se adopta con frecuencia en las interpretaciones a solo, lo que produce la impresión acústica de «raspado»[112].

---

[111] Vaslin, 1884, 10.
[112] Flesch, 1934, 15.

Vaslin, que siempre había tenido como modelo a Baillot, escribe, consciente de la pesadez del violonchelo, que «tocar el violín en el violonchelo no es ir en busca de los agudos, sino saber cómo *maniobrar* con el arco, porque la dificultad para obtener un *détaché* claro y franco aumenta cuando el golpe de arco es continuo y, especialmente, cuando el movimiento se anima, sobre todo en las cuerdas graves»[113]. Sin entrar en un análisis profundo de la narrativa metodológica —por otra parte apasionante— sobre el golpe de arco *détaché* a lo largo del diecinueve, o de los matices controvertidos que presenta la terminología en las distintas escuelas, resulta instructivo dar algún apunte sobre la naturaleza básica del *détaché* para comprender los planteamientos de Casals.

El *détaché* francés tenía como característica principal una ínfima pausa entre nota y nota mediante un leve aligeramiento de la presión del arco después del ataque. Era primordial lograr la nitidez de cada nota atendiendo al instante inicial: el mordiente del arco. El mecanismo del *détaché* —según Vaslin— se divide en tres fases: (1) la presión de la vara con el primer dedo, (2) la puesta en movimiento del arco, de la que surge el ataque inmediato, preciso y limpio, y (3) la liberación de la retención impuesta inicialmente, pero sin abandonar la adherencia de las cerdas sobre la cuerda. En resumen: presión, ataque y depresión[114]. La separación entre las notas implicaba una parada del arco y el ataque debía ser con un acento similar al del *martelé*[115]. Así lo describen violonchelistas de la escuela franco-belga de la

---

[113] Vaslin, 1884, 15.
[114] Vaslin, 1884, 9.
[115] Abbiate, 1900, 16.

segunda mitad del diecinueve como Rabaud, De Swert[116],Vaslin o Abbiate. De lo contrario se produciría el mencionado sonido borroso tan habitual en los violonchelistas y que —según Abbiate— tenía una denominación específica: *savonnage*[117]. *Le grand détaché* era la arcada básica y los demás golpes de arco a la cuerda eran modificaciones de distinta naturaleza de esta arcada[118]. La utilización de mayor o menor cantidad de arco dependía de la figuración y el *tempo*, pero siempre implicaba gran cantidad de arco que debía pasarse a gran velocidad. Flesch corrobora esta práctica afirmando que en la escuela francesa existía el dicho: *De l'archet, de l'archet, et encore de l'archet*[119].

Casals opinaba que *le grand détaché à la corde* que practicaban los violinistas no era extrapolable al violonchelo[120]. Pero antes que Casals, Vaslin había condenado la recomendación habitual de estudiar *à grand archet* cualquier ejercicio o pasaje que requiriese un *détaché* rápido[121]. Alfredo Piatti ofrece en su *Méthode de violoncelle* (1878) un ejemplo claro de esta práctica (Ej. 2.1): «Se debe usar toda la longitud del arco: en el arco abajo desde el talón hasta la punta, y en el arco arriba desde la punta hasta el talón, sin abandonar la cuerda»[122].

El rápido movimiento continuo de ida y vuelta, bajo el principio de *l'archet à la corde*, tuvo que mermar la calidad del sonido, dificultando a su vez la ejecución de las tres fases del *détache* francés en las extensas y gruesas cuerdas del violonchelo.

---

[116] Véase De Swert, 1882, 20 y 62.

[117] Abbiate, 1900, 16.

[118] Straeten, 1898, 38.

[119] Flesch, 2000, vol. I, 46.

[120] Tobel, 1945, 94.

[121] Vaslin, 1884, 10.

[122] Piatti, 1878, 65.

Ej. 2.1. Piatti, *Méthode*, 65. *Étude du grand détaché.*

Es curioso que todos los violonchelistas de la escuela franco-belga continúen recomendando para el *détaché* la interrupción del sonido entre nota y nota: presión, ataque y depresión. Pero que esta recomendación se perpetuase negro sobre blanco en los métodos no implica necesariamente que fuera lo que estaba ocurriendo en la práctica. Podría ser un caso similar al del *portamento*: había sido condenado con insistencia en los escritos durante gran parte del siglo diecinueve, pero se constata, gracias a las primeras grabaciones históricas, un uso masivo del mismo en el *cantabile* de los violonchelistas.

Por otra parte, en la escuela alemana el *détaché* básico se había tocado sin interrupción. Así se desprende de los tratados de Hermann Heberlein (Leipzig, 1887), Carl Davidov (Leipzig, 1888) o Carl Schroeder (Leipzig, 1890)[123]. En efecto, estos violonchelistas toman el camino explicativo contrario. Heberlein llama la atención sobre el cambio de carácter en el *détaché* corto [*Der kurze Strich*] cuando las notas llevan un punto debajo o encima[124]. Davidov es todavía más claro estableciendo una relación sinónima entre el *legato* y el carácter sostenido de los distintos *détachés*[125]. Si bien el *détaché sostenuto* se impondría al

---

[123] Aunque aquí se utilice el término francés *détaché*, ninguno de los tres violonchelistas lo emplea.

[124] Heberlein, 1887, vol. I, 14.

[125] Davidov, 1888, 15.

détaché francés, la unificación de la terminología y del carácter del golpe de arco no parece que deba plantearse en términos de hegemonía nacional, sino como una adaptación de la idiomática instrumental a la evolución del propio lenguaje romántico. La trazabilidad del *détaché* en la escuela franco-belga durante el segundo tercio del siglo diecinueve es un ejemplo claro[126]. Flesch confirma que el *détaché* francés fue perdiendo vigencia durante la segunda mitad del siglo diecinueve en favor del *détaché* alemán (es decir, del *détaché* continuo de ida y vuelta) también en Francia porque «se consideraba anticuado e inapropiado para la ejecución de las obras más recientes»[127].

La elocuencia del arco

De la misma forma que Casals, Courvoisier había condenado el uso irracional del arco y había confirmado que la práctica de pasar siempre todo el arco era muy común entre los grandes violinistas. Cuando Courvoisier habla de la expresión del arco se tiene la sensación de estar leyendo las palabras de mismísimo Casals:

El recurso expresivo más potente es la variación dinámica. La importancia de los matices se hace evidente por el hecho de que un sonido sostenido, que ni aumenta ni disminuye en intensidad, genera la impresión de falta de vida, de monotonía y de indiferencia. Cualquier persona que esté dotada del más mínimo grado de sentido musical percibe inmediatamente que una serie de sonidos correctamente tocados

---

[126] Véase Triviño, 2017, 23-37.
[127] Flesch, 2000, vol. I, 49.

en su altura y duración no tienen la capacidad suficiente de emocionar al oyente[128].

Que el principal medio de expresión sea el arco es sintomático de la afiliación estética de Courvoisier, y también un claro rechazo a los recursos expresivos que habían puesto de moda los intérpretes de la escuela dramática: el *vibrato* y el *portamento*. Ambos fueron ganando terreno durante el romanticismo y se convertirán en los principales recursos para intensificar el sentimiento. La «escuela vocal», o el modelado vocal del canto instrumental, constituirá el hito en la interpretación de los instrumentos de cuerda. Pero un estilo interpretativo fundamentado en los rasgos prosódicos del lenguaje debía atender no sólo a las inflexiones entonacionales de la voz, sino también a la *l'inégalité rythmique* y a la pronunciación de las palabras. Este último recurso, relacionado con el arco, ha sido bastante ignorado hasta la fecha por la musicología de la interpretación musical. Casals: «Mi concepción de la acentuación musical ofrece una analogía con lo que ocurre con la palabra, con las infinitas inflexiones que damos a la voz para que nuestros vocablos sean verdaderamente *comunicativos*»[129]. Tal afirmación hace de Casals un músico romántico. La interpretación instrumental decimonónica no puede verse desligada del carácter dramático de la escena romántica, ni del modelo expresivo al que siempre había aspirado: la palabra en sus diversas manifestaciones (hablada, declamada o cantada). Para dar a la melodía instrumental el carácter vocal, es decir, para encontrar el correcto modo de prosodiar, la articulación del arco y *la syllabation*, una de las recomendaciones más extendidas en las distintas escuelas había sido la

---

[128] Courvoisier, 1880, 38.
[129] Casals (en *Pablo Casals cuenta su vida*), 1975, 241.

práctica de versificar la melodía. Esto se hacía colocando un texto cuyo pie métrico coincidiera con el ritmo de la melodía que se iba a interpretar[130].

En consecuencia, el interés de Casals por establecer una analogía entre la expresión instrumental y la realidad natural de la palabra[131] no era nuevo en el ámbito de la interpretación musical. Es muy probable que Monasterio, que había estudiado con Charles de Bériot en el Conservatorio de Bruselas entre 1849 y 1952, fuera quien inculcara a Casals la importancia de aprender a reproducir los más sutiles acentos e inflexiones de la voz. De Bériot escribe a Monasterio en una carta fechada el 4 de abril de 1854: «En este momento me ocupo de la obra más importante de mi vida: es mi *Méthode de violon*. He preparado ya dos tercios y espero poder concluirlo a finales de este año»[132]. Precisamente, el grandioso tercer volumen, *Du style et de ses éléments*, que entonces se encontraba en ciernes, será el que recoja todas las cuestiones expresivas relacionadas con la «escuela vocal»[133]. En el capítulo dedicado a *la prononciation de l'archet*, De Bériot insiste en la importancia de reproducir los acentos del canto, pero el canto entendido no sólo como música, sino también como poesía, porque sin esta última la melodía se convertiría en una mera vocalización. Así, tan importante es la articulación de las palabras para el cantante como *la prononciation de l'archet* para el instrumentista de cuerda.

---

[130] Véase Bériot, 1858, vol. III, 254; o Joachim y Moser, 1905, vol. III, 7.

[131] Corredor, 1975, 242.

[132] Citado en García, 2003, vol. II, 327.

[133] La versión bilingüe español-francés del *Méthode de violon* es la que se ha consultado para la realización de este trabajo.

La claridad de la pronunciación depende enteramente del grado de fuerza que se da a las consonantes al principio de cada sílaba. Mediante esta pequeña percusión la consonante emite la vocal, con la que el cantante se hace entender, incluso en voz baja, hasta el oyente más alejando en un gran salón[134].

Además, Bériot distingue una graduación de tres niveles en la energía de la percusión: pronunciación dulce, media y enérgica. Esta graduación contribuye a que la melodía adquiera el carácter *parlante*[135]. Casals incorpora el principio de la percusión de forma sistemática a su estilo, principio que se encuentra entre sus contribuciones más personales y que tendrá igualmente un largo recorrido en el desarrollo de la técnica de la mano izquierda. En relación a la elocuencia del arco, la percusión referida a *la prononciation de l'archet* lleva implícita, al igual que la pronunciación de la sílaba hablada, un *diminuendo* o —como dijera Vaslin— una depresión del sonido. De ahí que Casals sentenciara con frecuencia: «El *diminuendo* es la vida de la música»[136]. Así, la percusión estará presente de una forma u otra en la articulación de cada nota.

Sobre la cuestión dinámica Casals pone énfasis en seleccionar minuciosamente la zona, la presión y la cantidad de arco necesarias dentro de un principio de fluctuación dinámica natural y constante. En consonancia con el texto de Courvoisier citado anteriormente, Casals rechaza cualquier sonido que se mantenga plano o cualquier discurso monótono. Para él las notas se

---

[134] Bériot, 1858, vol. III, 219.

[135] Bériot, 1858, vol. III, 220.

[136] Eisenberg, 1967, 140.

encuentran en un contexto de sentido musical: van o vienen. Ya sea en *piano* o en *forte* subraya la importancia de dar relieve a la frase. Si en el *forte* el sonido debe extinguirse en algún momento, el *piano* debe matizarse mediante ligeros apoyos de intensidad[137]. De la misma manera rechazaba la ejecución lineal de *crescendi* y *diminuendi*. En aras de la expresión estos debían estar animados por cierta acentuación, incluso por pequeños *diminuendi* y *crescendi* en sentido opuesto, respectivamente[138]. Para buscar la variedad en el arco Casals practicaba numerosos ejercicios de fluctuación dinámica, desde el *crescendo* y el *diminuendo* en un sólo arco a la práctica del *ondulé*. Todo ello con el objetivo de entrenar el arco para la expresión de los múltiples matices que demanda una interpretación viva de la música[139].

Littlehales identifica en Casals una técnica particular de los dedos de la mano derecha en la que cobra gran protagonismo la palanca-presión entre el primer dedo y el pulgar, así como el equilibrio que aporta el cuarto dedo en el balance del peso del arco. Pero uno de los aspectos más interesantes de una mano derecha más relajada y libre es la movilidad de los dedos que permite el giro de la vara del arco para obtener sutiles modulaciones del sonido, tanto de intensidad como de timbre. De esta forma, es posible estar en pleno contacto con la cuerda aplicando todo el ancho de cerdas o rozarla ligeramente sólo con el borde de la cinta[140].

Sin dejar de lado las motivaciones expresivas que siempre guiaron a Casals, la activación de los dedos para modificar la

---

[137] Corredor, 1975, 241.
[138] Tobel, 1945, 90.
[139] Mackie, 2006, 26.
[140] Littlehales, 1929, 212-13.

inclinación del arco no sólo era consecuencia de la nueva actitud postural del brazo derecho, sino también del carácter violinístico que él quería para el violonchelo. Su alumno Eisenberg refleja este interés cuando afirma que muchos violinistas utilizaban esta técnica (*rolling*) para producir un sonido más redondo e igual hacia la punta. Extrapolado al violonchelo, el giro progresivo del arco hacia fuera, a medida que este se acerca a la punta, permite el uso de todas las cerdas[141]. Alexanian: «Es muy importante que este giro de la vara, destinado a aplicar sobre las cuerdas la cantidad de cerdas proporcional a la intensidad del momento, se convierta en una de las funciones instintivas de la mano derecha»[142]. La inclinación de la vara modifica ligeramente la sujeción del arco mediante el repliegue un poco más acentuado de los dedos 1-2-3-4 para llevar la parte carnosa de la cara interna del pulgar al bisel de la vara en contacto con la nuez. Según Borisyak, Casals entendía que la posición básica es la que mantiene el arco inclinado:

> Puesto que no es más de la décima parte del total de las notas de una obra las que se tocan en *forte* y *fortissimo*, hay que considerar entonces que el artista debe tocar la novena parte del repertorio con el arco inclinado[143].

Y, ¿qué había dicho Courvoisier sobre este asunto? La tercera regla fundamental que da para la correcta conducción del arco, junto a la importancia de que el arco corte perpendicularmente la cuerda y mantenga el mismo punto de contacto,

---

[141] Eisenberg, 1967, 22.
[142] Alexanian, 1922, 90.
[143] Borisyak, 1929, 33.

es: «Las vibraciones deben provocarse con el punto de contacto más pequeño posible, es decir, la cuerda no debe frotarse con toda la superficie de las cerdas, sino sólo con el borde»[144]. Courvoisier defiende por tanto una posición del arco permanentemente inclinada y entiende que, a medida que se da más intensidad al sonido, la misma presión hace que todas las crines toquen la cuerda[145]. Borisyak argumenta que una de las razones por las que se requiere la inclinación del arco es porque, cuando se disminuye la presión del arco, la gran cantidad de cerdas que permanecen sobre la cuerda provocan chirridos y silbidos de armónicos[146]. Independientemente de las justificaciones técnicas y musicales que haya detrás de la regulación de la inclinación del arco, la estrecha relación entre los contenidos de *The Technics of Violin Playing* de Courvoisier y las enseñanzas de Casals es, una vez más, evidente.

Reflexión

Casals había rechazado la monotonía que existía en la interpretación del violonchelo a finales del siglo diecinueve, vinculando dicha monotonía al ideal sonoro que se había ido fraguando en la escuela francesa bajo el principio de *l'archet à la corde*. La demanda de mayor sonoridad había propiciado que *la retenue de l'archet* asociada a los cantos lentos se llevara al extremo, extendiéndose a toda la expresión del violonchelo mediante un arco que trabajaba constantemente muy cerca del puente. Sin embargo, *le grand détaché à la corde* hay que desvincularlo del

---

[144] Courvoisier, 1880, 29.
[145] Courvoisier, 1880, 35.
[146] Borisyak, 1929, 32.

principio de *l'archet à la corde*. Puesto de moda por los violinistas y adoptado por los violonchelistas, este golpe de arco exigía usar grandes arcadas de ida y vuelta sin interrupción, incluso en los *détachés* de movimiento rápido. Las largas y gruesas cuerdas de tripa del violonchelo pronto perdían la adherencia elástica que impone *la retenue d'archet*. Esto originaba indefinición, debido a la ausencia de percusión en el ataque, y un sonido desenfocado, fuera de la cuerda y por lo tanto en las antípodas de *l'archet à la corde*. La técnica necesaria para alcanzar esta uniformidad sonora generaba una dificultad en el cambio de arcada que para Casals era antinatural[147], por eso conecta con los predicamentos de la escuela francesa clásica dando a cada nota una disminución de su intensidad tras el ataque. Tobel intenta definir cómo Casals huye del simple movimiento de ida y vuelta de *le grand détaché à la corde*: «Casals sustituye esta arcada por un *détaché* con vida que se encuentra entre un *martelé*, un *spiccato* y un *détaché* acentuado con pausas, que lo hace más liviano. Esto lo realiza mediante movimientos ondulados del brazo, como de balanceo»[148].

El recorrido realizado durante este primer bloque dedicado al arco permite extraer la conclusión de que Casals forja su estilo desde la más profunda tradición interpretativa del siglo diecinueve. Se ha podido comprobar que existe una nítida conexión entre las ideas de Casals y las enseñanzas de Charles de Bériot. Fue Jesús de Monasterio, uno de los más importantes alumnos de De Bériot, quien le transmitió las cuestiones clave sobre la expresión y la acentuación musical. De este modo, siguiendo a los grandes intérpretes románticos, Casals da vigencia a la «escuela

---

[147] Tobel, 1945, 94.
[148] Tobel, 1945, 94-95.

vocal» tomando la realidad natural de la palabra como modelo para la expresión musical.

Cualquiera que haya escuchado a Casals ha podido apreciar que una de sus características más personales es la riqueza de su dicción a través de una prodigiosa combinación de técnicas articulatorias. *La prononciation de l'archet* y *la prononciation des doigts* se suman a otros recursos expresivos para crear un *parlando* inigualable. El paso del tiempo ha hecho debilitar la idea de que el principio de la percusión de Casals tiene su origen en la pronunciación de las sílabas en el lenguaje. Este principio, vinculado inicialmente a la técnica del arco, permitirá también el desarrollo de la célebre técnica de la percusión de los dedos de la mano izquierda. Algunos seguidores que han difundido sus enseñanzas, como David Blum o Christopher Bunting, se han esforzado en elaborar un discurso bastante distorsionado en el que se sitúa a Casals como el primero en buscar la analogía entre la pronunciación de las sílabas en el lenguaje y la articulación de las notas en la interpretación instrumental. Bunting denomina a este principio «*diminuendo* silábico» [*syllabic diminuendo*][149]. Este discurso viene a repetir con una nueva terminología lo que habían dicho otros músicos con anterioridad. En consecuencia, carece de perspectiva histórica e ignora la tradición de la que Casals bebió, una tradición interpretativa basada en los rasgos de la voz humana en todas sus manifestaciones.

La impresión de que Casals aprendió mayormente de los violinistas sigue reforzándose. A los nombres ya citados hay que añadir de nuevo el de Courvoisier. La exactitud con la que Casals reproduce las ideas del violinista suizo confirma que su trabajo

---

[149] Bunting, 1999, 136.

tuvo que ser una referencia para el joven Casals, tanto a nivel técnico como estético. Por lo tanto, la influencia de Courvoisier fue más allá del inconformismo que aparentemente Casals muestra hacia ciertas ideas desarrolladas en el *Traité* de Alexanian.

La expansión de la mano izquierda

> Casals ha descubierto el punto de encuentro exacto entre las necesidades musicales del artista, las posibilidades físicas de la mano y la naturaleza inherente del instrumento[150].
>
> Juliette Alvin

La aplicación sistemática de las extensiones de la mano izquierda y la práctica de la percusión enérgica de los dedos son aportaciones centrales de la escuela de Casals. Ambas técnicas responden a la necesidad de aportar claridad y ligereza a la ejecución, pero también surgen como reacción al estilo interpretativo imperante a principios del siglo veinte. Casals acometerá la empresa de abolir los continuos *glissandi* que ejecutaban los instrumentistas de cuerda, sobre todo los violonchelistas. Las grabaciones del primer quindenio del siglo veinte así lo atestiguan. Los violonchelistas no sólo introducían el *portamento* a cada intervalo sino que muchas veces su ejecución era lenta y arrastrada. Para Flesch la presencia constante del *glissando* era una cuestión de comodidad: era un recurso que facilitaba los cambios de posición sin riesgo[151]. Aunque pueda haber algo de verdad en esta afirmación, no deja de ser parcial y reaccionaria contra un estilo que tras la Gran Guerra ya se había extinguido. Un estudio profundo de la estética de la interpretación romántica ofrece una visión más certera sobre cómo el recurso del

---

[150] Alvin, 1930, 1078.
[151] Flesch, 1937, 204.

portamento entronca con la esencia emocional de la expresión romántica. La concepción naturalista del *cantabile* estuvo fuertemente arraigada en la interpretación musical y el *portamento* era el rasgo que mejor proyectaba dicha concepción. La razón: su analogía con los sonidos inarticulados que produce el ser humano bajo los diferentes estados de ánimo. Ese afán por trazar una línea melódica continua se escucha en los primeros violonchelistas grabados: trazos melódicos lineales, o más o menos ondulados, dibujados a través del *portamento*, que a veces dan a la melodía un carácter casi melismático. Bajo esta perspectiva naturalista, la conexión en el *cantabile* de los sonidos ligados era inevitable, especialmente cuando se trataba de notas a cierta distancia. En las grabaciones se observa cómo los cantantes y los violonchelistas (estos siempre quisieron imitar a aquellos) esbozan los contornos motívico-melódicos y conectan las notas de diferentes alturas mediante deslizamientos a veces muy demostrativos, algo que pertenecía a la propia intencionalidad emocional del fraseo[152]. El exceso de *portamento*, combinado con la disciplina de *l'archet à la corde*, dio lugar a un estilo *cantabile* en el que prácticamente la articulación era inexistente.

Casals no fue el primero en criticar el exceso de *portamento*. Las advertencias que previenen su uso desmedido serían una constante desde Duport. La teoría musical y los métodos siempre recomiendan su aplicación con gusto y efecto. Y aunque son innumerables los testimonios que dan fe del exceso de *portamento* en los instrumentos de cuerda, el análisis conjunto de todas las fuentes deja la impresión errónea de que pudiera haber sido un recurso explotado casi exclusivamente

---

[152] Véase el capítulo «El portamento», en Zurita, 2016, 209-307.

por los virtuosos de la escuela dramática. Nada más lejos de la realidad: sólo la escucha de las grabaciones históricas más antiguas permite reconocer la verdadera dimensión que alcanzó el *portamento* en el romanticismo. Ellas desvelan que también los violonchelistas conservadores, como sería el caso de Heinrich Grünfeld, Julius Klengel o Hans Kronold, aplicaron el *portamento* profusamente en la cantilena.

Por otra parte, se ha repetido una y otra vez que Casals fue el primer violonchelista en diferenciar entre *glissando* y *portamento*. Esta es otra de las tantas afirmaciones sin consistencia argumental que salpican los textos sobre Casals. Por citar algún antecedente, en 1813 se publicó en el *Allgemeine musikalische Zeitung* un extenso ensayo sobre la técnica del canto en el que ya se establecía una clara diferenciación entre el *portamento* vocal y un tipo de arrastre desagradable de la voz que, curiosamente, el autor del ensayo relaciona con el *portamento* que se practicaba en los instrumentos de cuerda[153]. En una época más reciente y en el ámbito del violonchelo, Straeten alude claramente a los dos términos, situando el *glissando* en la esfera de la inconsciencia (de lo idiomático) y dando al *portamento* propiamente dicho un carácter vocal:

> *Glissando* y *Portamento*: Ambos consisten en la conexión de dos notas entre sí y significan prácticamente lo mismo, excepto que el término «portamento» se aplica a una forma más *deliberada* de deslizar [el sonido] de una nota a otra que la que implica el primer término. El portamento es uno de los adornos favoritos de los cantantes y su efecto es muy bonito si se aplica con moderación y discriminación[154].

---

[153] Véase *Allgemeine musikalische Zeitung*, 10 de marzo de 1813, col. 167.
[154] Straeten, 1898, 136-37.

Casals, liderando el cambio de paradigma estético en la interpretación musical, instruiría a sus colegas y alumnos sobre la importancia de diferenciar entre *glissando* y *portamento*[155]. El primero es innecesario y resultado de una deficiencia técnica, mientras que el segundo es producto de un sentimiento activo y tiene por tanto una función netamente expresiva. Casals:

> He intentado que la mano izquierda siga el movimiento natural de la frase musical, rechazando absolutamente el *glissando* donde la frase musical no lo exige. Por supuesto, esto ha implicado el desarrollo de un nuevo sistema de digitación, cuyo resultado más importante ha sido la extensión, la capacidad de la mano izquierda para estirarse[156].

En lo que respecta a la mano izquierda, son las extensiones las que vienen a remediar, junto al principio de la percusión, la falta de claridad y nitidez que dominaba el estilo de los violonchelistas tardorománticos. El exceso de *glissando* no hacía sino amasar aún más el sonido y acentuar la pesadez y lentitud en los movimientos de la mano sobre el diapasón. Así, en el manifiesto rechazo de Casals al *legato* absoluto está, por extensión, la condena al *glissando* introducido sin justificación expresiva aparente, por lo que poco a poco se irá asociando a una técnica deficiente de la mano izquierda.

---

[155] Flesch, 1937, 204.
[156] Casals (en *String Mastery*), 1923, 228.

La prononciation des doigts

Asociada al mecanismo de la mano izquierda, la técnica de la percusión consiste en utilizar los dedos como martillos equipados con resortes, de forma que los dedos puedan relajarse inmediatamente tras golpear la cuerda. El objetivo es poner la cuerda en vibración en el mismo inicio de la nota para obtener gran nitidez en la emisión del sonido, a la vez que mayor vitalidad y precisión rítmica. Con ello se evita que la sonoridad sea vulgar y pesada, ya que las cuerdas del violonchelo ofrecen mayor resistencia que las del violín. En *la prononciation des doigts* está no sólo la percusión, sino también la acción de retirar los dedos pulsando la cuerda.

En el ámbito de la escuela francesa, autores como Chevillard o Abbiate habían dicho en sus respectivos métodos que los dedos debían actuar como martillos. Chevillard: «La muñeca se levanta para dar a los dedos gran libertad de movimiento y la facilidad de doblarse sin esfuerzo para caer como martillos sobre las cuerdas que presionan vigorosamente pero sin rigidez»[157]. Por su parte, David Cherniavsky sugiere que la técnica de la percusión podría haberla tomado Casals de la guitarra española[158]. Se trataría de la técnica del ligado, articulado con la digitación de la mano izquierda. Esta técnica, que en la guitarra se remonta al Barroco, fue muy popular en la ejecución de escalas hasta finales del siglo diecinueve, cuando gracias al guitarrista Rafael Marín se extendió el hábito de pulsarlas[159]. Pero la opinión más coherente es que Casals la hubiera obtenido de la técnica violinística,

---

[157] Chevillard, 1837, 2.
[158] Cherniavsky, 1952, 398.
[159] Rioja y Torres, 2006, 150.

mucho más desarrollada y a la que siempre aspiró. Sin ofrecer más datos, Tobel apunta que Casals admiraba esta cualidad en el estilo del violinista Fritz Kreisler[160]. Puede incluso que la técnica de la percusión se hubiera transmitido oralmente como recurso pedagógico para favorecer la precisión rítmica y la claridad en el *legato*. Así se desprende del testimonio del violinista checo Váša Příhoda, quien habla de que había trabajado con su maestro Jan Mařák (1870-1932), profesor del Conservatorio de Praga, estudios manuscritos muy efectivos para la ejercitación de la mano izquierda y que tenían que ejecutarse sin el arco[161].

Sin desestimar que la práctica de la percusión pudiera haber estado presente en diferentes contextos, las dos publicaciones que se vienen citando de Courvoisier llaman la atención por abordar este asunto de manera específica. En la de 1880 el violinista suizo da una serie recomendaciones, siendo la primera bastante definitoria del correcto accionamiento de los dedos de la mano izquierda:

> Todos los dedos deben mantener la articulación primera y media doblada, tanto cuando están fuera como cuando están sobre las cuerdas; deben moverse sólo en la tercera o en las articulaciones de los nudillos, bajando como un martillo. De lo contrario, el punto exacto que controlan en la cuerda no se podría encontrar una segunda vez con certeza[162].

---

[160] Tobel, 1945, 89.

[161] Příhoda (en *String Mastery*), 1923, 144.

[162] Courvoisier, 1880, 17.

Y después de enunciar sus cinco reglas sobre el accionamiento de los dedos, vuelve al asunto de la percusión para aclarar la idea de «martillo»:

Es bueno trabajar la fuerza y la independencia de los dedos levantándolos tan alto como sea posible, siempre con una posición correcta de la mano, y colocándolos sobre las cuerdas con un golpe fuerte y audible sobre el diapasón[163].

El énfasis en el golpe fuerte y audible es sintomático de la energía necesaria con la que los dedos deben pronunciar cada nota. Courvoisier complementa estas instrucciones apuntando que los dedos en su mecanismo no deben alterar su relación interválica cuando se levantan, es decir, han de mantener la misma posición relativa en el aire, sin rozarse o amontonarse unos contra otros. Por último, insiste en que hay que evitar los movimientos innecesarios que provoquen inseguridad o pérdida de fuerza y tiempo[164]. Años más tarde, en su *Technics* de 1894, Courvoisier amplía el concepto de percusión, esta vez recalcando su importancia para el *legato* y puntualizando que los dedos no deben levantarse demasiado cuando lo que se pretende es desarrollar la velocidad:

Los dedos deben colocarse con un golpe, para que la nota se establezca claramente, y deben elevarse con tanta precisión como se bajan, para que un tono más alto pueda ser seguido por uno más bajo con la misma pulcritud que al contrario. Esta regla se aplica especialmente a la ejecución

---

163 Courvoisier, 1880, 18.
164 Courvoisier, 1880, 17.

del *legato* en una cuerda, ya que la única obligación de los dedos es tener en cuenta la precisión del ritmo. (...)

Así que esfuérzate en levantar los dedos mientras practicas, por el bien de ese golpe enérgico y del desarrollo de la independencia de cada dedo. Ten en cuenta que la mayor velocidad posible se consigue levantando los dedos moderadamente, pero manteniendo los golpes fuertes, porque se pierde menos tiempo en el movimiento cuando no se levantan tanto los dedos[165].

En la adaptación al violonchelo que Casals hizo de la técnica de la percusión se reconoce una vez más la influencia directa de Courvoisier, independientemente de que pueda rastrearse la ejercitación enérgica de los dedos en otros autores. La aplicación sistemática de esta técnica al violonchelo es uno de los factores que permitirá la transformación que Casals quería para el violonchelo. El desarrollo de la dicción de la mano izquierda se convertirá en una obsesión, hasta tal punto que —como se ha dicho— le llevará al rechazo del *legato* absoluto[166]. En coherencia con la importancia que adquiere el principio de la percusión para la técnica del violonchelo, Casals le dedicaba gran atención cuando trabajaba con sus alumnos. Vivien Mackie: «Era muy insistente con la percusión, para que cada nota estuviera articulada por los dedos de la mano izquierda»[167].

El apartado sobre la técnica de la percusión de los dedos se sitúa en el *Traité* de Alexanian precisamente tras el capítulo dedicado al *legato*. En este último aparecen algunos ejercicios e

---

[165] Courvoisier, 1894, 35.
[166] Tobel, 1945, 94.
[167] Mackie, 2006, 15.

indicaciones generales. La más importante de ellas aboga por que en ningún momento se pierda la esencia del *legato*, es decir, por que el golpe de los dedos de la mano izquierda no influya en el movimiento continuo del arco. Pero la escuela de Casals va más allá de esta recomendación pedagógicamente aceptada. El *legato* no se entiende sin el principio de la percusión, que se desarrolla de tres formas: mediante la percusión propiamente dicha, mediante el punteo de la cuerda al levantar los dedos y mediante los cambios de posición pianísticos.

Siempre que se trate de un intervalo ascendente la nueva nota se debe articular con un golpe enérgico del dedo. Este golpe permite que la nueva división de la cuerda se establezca con claridad y que la cuerda se ponga inmediatamente en vibración. Para controlar el ritmo de articulación y para igualar la fuerza de golpeado de los cuatro dedos Alexanian recomienda que se practique la percusión sin el arco[168]. En efecto, Casals exigía a los alumnos que previamente cada nota fuera perfectamente audible sin el arco[169]. Con el mismo objetivo, en los intervalos descendentes y allí donde no es posible aplicar la percusión, las notas se producirán con un ligero *pizzicato* del dedo que ha tocado la nota precedente. Este ligero punteo debe ser constante e igual en todos los dedos. En el caso de que la nota sea una cuerda al aire también debe puntearse para que su inicio sea preciso[170].

Alexanian ofrece una serie de ejercicios para practicar *sin el arco* con el propósito de verificar y unificar el mecanismo de percusión y punteo de los dedos (Ej. 3.1). En ellos establece una

---

[168] Alexanian, 1922, 39.

[169] Mackie, 2006, 15.

[170] Alexanian, 1922, 40.

Ej. 3.1. Alexanian, *Traité*, 40.

digitación descriptiva de la acción que deben realizar los dedos en cada momento: las notas con los números tradicionales reciben el golpe de la percusión, los números rodeados con un círculo son notas al aire que han de puntearse con el dedo indicado y los números con el símbolo + marcan los dedos que al retirarse deben puntear la cuerda.

Extensiones

Una cuestión clave para encontrar la posición básica de la mano izquierda es que ella permita la extensión de los dedos. Las palabras de Casals ilustran sobre la forma en la que se colocaba la mano en las distintas escuelas a principios del siglo veinte:

> Sobre la posición de la mano izquierda hay diferentes opiniones. La escuela de Bruselas tiene una posición de la mano izquierda muy similar a la que utilizan los violinistas, es decir, el mástil del violonchelo se agarra entre el [primer] dedo y el pulgar. No apruebo esta posición. La capacidad de extensión es menor y hay que lanzar el segundo dedo demasiado hacia adelante en el diapasón para hacer semitonos. La posición que utilizo, y que creo que es la mejor, es aquella donde la yema del pulgar se sostiene contra la parte inferior del mástil, como se muestra en la imagen [Fig. 1.4]. La mano se saca bien del mástil, con los dedos formando un ángulo

casi recto con el mástil y las puntas de los dedos descansando sobre las cuerdas. Esta es la posición que usan los mejores maestros y los principales violonchelistas. En París algunos profesores utilizan una solución de compromiso entre estas dos posiciones[171].

Para Casals «la técnica es la capacidad de colocar correctamente los dedos»[172]. De nada sirve trabajar la agilidad o esforzarse en superar las dificultades si el punto de partida es una mano mal posicionada o una digitación poco razonada. Casals entiende la colocación correcta de los dedos en dos sentidos: (1) en relación con la forma y la calidad del movimiento y (2) en relación con la afinación, esto es, atendiendo a la colación precisa de los dedos conforme a la expresión adecuada en cada momento. Este segundo factor está íntimamente vinculado con el principio de la *justesse expressive*, irrenunciable en su concepción musical y que se tratará más adelante.

Una de las contribuciones más importantes de la escuela de Casals es la normalización efectiva de las extensiones en el violonchelo. Un siglo atrás Duport había sido el primero en dar a la extensión todo su valor como elemento básico de la digitación violonchelística. Es más, Duport parte de la posición de la mano en extensión para establecer la colocación correcta de los dedos y de la mano sobre el mástil[173]. Desde entonces la extensión ha estado más o menos presente en el discurso metodológico y en la práctica, aunque restringida al ámbito de la posición, es decir, no se utilizaba como asistente de conexión interposicional. Así

---

[171] Casals (en *The Etude*), 1922, 353.
[172] Tobel, 1945, 80.
[173] Véase Duport, 1806, 6.

se desprende de los métodos de Duport, Dotzauer, Baudiot o Davidov. Baudiot, que hace un amplio tratamiento de la extensión en el segundo volumen de su *Méthode de violoncelle* (1827), llega a reconocer dos tipos de extensiones básicas, tanto para las posiciones del mástil como para las de pulgar: «Hay extensiones superiores hacia los agudos e inferiores hacia los graves. Las primeras se hacen alargando el tercer dedo o el cuarto más allá del lugar asignado para ellos en cada posición, y las segundas retrocediendo el primer dedo o el pulgar sin molestar a la mano»[174]. La recomendación de que la mano no sufra ninguna alteración en su posición básica en la extensión del primer dedo es algo que también había dicho Duport[175]. Resulta difícil saber si Casals llegó a conocer el gran tratado de Baudiot[176] y la importancia que da a las extensiones suplementarias del tercero y el cuarto[177].

Un tratamiento de la extensión de mayor envergadura no llegará hasta la *Violoncell-Schule* (1888) de Carl Davidov, quien no hace más que revalidar el sistema de digitación propuesto por Duport, utilizando la extensión como elemento imprescindible para la organización de las posiciones del mástil y las escalas. Davidov desarrolla en su método una concepción del mecanismo de la mano izquierda en la que está omnipresente la técnica de

---

[174] Baudiot, 1827, vol. II, 202.

[175] Duport, 1806, 7.

[176] Existe constancia de que el *Méthode de violoncelle* de Baudiot se comercializó en España. Véase el catálogo del madrileño Almacén de Música de Carrafa que se anexa a la colección *La iberia musical y literaria*, vol. 3, Madrid, 1843.

[177] Es interesante señalar que los tres estudios que Baudiot escribiera para trabajar los diversos tipos de extensiones sean, aparentemente, una suerte de velado homenaje: el primero a Duport, pues el estudio se inspira en el *Étude nº 7*; el segundo recuerda el trabajo de extensión que requiere el *Prélude* de la *Suite nº 6* de Bach; y el último, que sí tiene una referencia explícita, está basado en la escritura de su coetáneo Romberg.

la extensión. Además de ejercicios que combinan la práctica de la configuración cerrada y abierta de la mano[178], todas las posiciones se trabajan en las dos configuraciones de forma organizada e independiente. En cuanto a la digitación de la escala, Davidov aplica a todas las tonalidades *le doigté par trois et sans à-vide*[179] de Duport para las dos primeras octavas: «Comenzando la tónica con el primer dedo siempre obtendremos la octava con el segundo, en cualquier tonalidad, incluso en las tonalidades que admiten cuerdas al aire cuando queremos evitar estas»[180]. El empleo de este patrón universal de digitación supone la presencia organizada de la extensión en las escalas mayores y menores. Pero, a pesar de que la extensión estaba plenamente consolidada como elemento básico del mecanismo de la mano izquierda a finales del siglo diecinueve, en muchos contextos —especialmente en el *cantabile*— su utilización no resultaba una necesidad porque la propia estética romántica propiciaba una gran movilidad de la mano para la introducción de *glissandi*. El propio Davidov es un buen ejemplo para comprobarlo. Vinculado a la escuela clásica por su estilo severo y poseedor de una técnica muy avanzada que asumía la técnica de la extensión en alto grado, el virtuoso ruso fue insistentemente atacado por abusar del *portamento*. Durante su larga estancia en Paris en 1875 Davidov ofreció varios conciertos, los cuales se encuentran muy bien documentados en la *Revue et Gazzette Musicale*. Uno de ellos, celebrado en la Salle Érard, dejaría el siguiente comentario: «Su ejecución se ve ensombrecida por *portamenti* demasiado frecuentes, algunos de los cuales ya no son adornos del canto sino vulgares *glissades*»[181]. Otro posterior en el Conservatoire provocaría una crítica similar:

---

[178] Véase Davidov, 1888, 26.

[179] Duport, 1806, 35.

[180] Duport, 1806, 35.

[181] *Revue et Gazette Musicale de Paris*, 7 de febrero de 1875, 46.

«Demasiados *portamenti* para ganar el apoyo de los oyentes, siempre fáciles de seducir con estos sentimentalismos en el estilo»[182]. La contribución de Davidov para el desarrollo de la técnica del violonchelo, y en particular de la extensión, es incuestionable. Y una vez que se ha analizado su método, pensar que no la hubiera aplicado sería un contrasentido. No obstante, la estética de los *glissandi-omnibus*[183] propiciaba en ciertos contextos una inevitable relajación de la mano izquierda y, en consecuencia, un menor uso de la extensión. Por este mismo motivo es probable que el empleo por parte de Davidov de la extensión quedara mayormente restringido a la posición: todavía no existía la preocupación estética de utilizarla como asistente en los cambios.

La novedad en Casals está en el uso que hace de la extensión: se convierte en una técnica de amplio espectro, es decir, no está anclada al ámbito de la posición, sino que se integra, como elemento fundamental, en el mecanismo de los cambios de posición. Casals llevó la extensión hasta extremos impensables, sobrepasando en algunos casos la frontera de la técnica violonchelística: la digitación violinística 1-2-3 en la tercera menor para evitar el cuarto dedo (un dedo que Casals consideraba débil)[184], las extensiones balanceadas para favorecer la fluidez y la nitidez de pasajes con intervalos ajenos al ámbito de la extensión natural de la mano, las extensiones suplementarias y el «toque pianístico» en los cambios de posición fueron prácticas que promulgó hasta el final de su carrera (Ej. 3.2). No obstante, hay que apuntar que el propio Casals renegaría de algunas de ellas en su

---

[182] *Revue et Gazette Musicale de Paris*, 7 de marzo de 1875, 77.

[183] Término acuñado por el violinista Carl Flesch. Véase Flesch, 1937, 204.

[184] Casals (en *String Mastery*), 1923, 229.

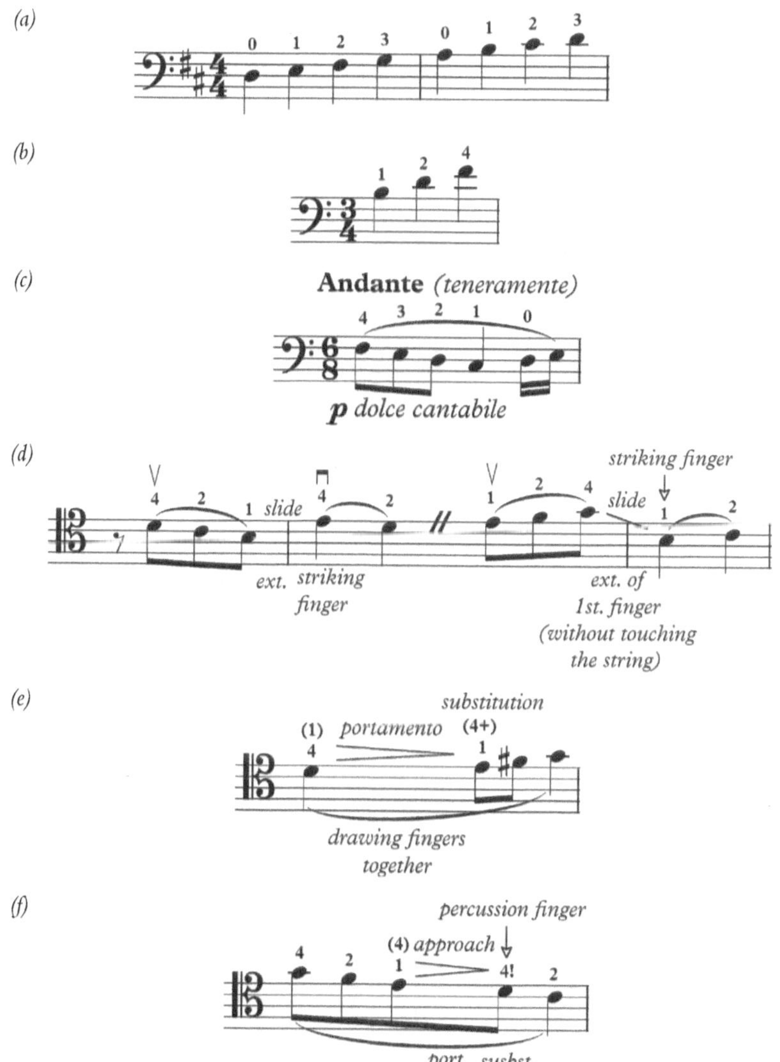

Ej. 3.2. La expansión de la mano izquierda: (a) digitación violinística, (b) extensión balanceada, (c) extensión suplementaria, (d) cambios de posición asistidos con extensión y percusión, (e) cambios de posición asistidos con yuxtaposición de los dedos sobre la cuerda y punteo, y (f) cambios asistidos con agolpamiento de los dedos en el aire y percusión.

época de madurez por ser arriesgadas y provocar tensión en la mano[185].

El toque pianístico (cambios de posición)

Insuflando elasticidad a la mano izquierda, los cambios de posición son asistidos, primero, por una mano flexible que se extiende o se encoge para preparar el cambio y, después, por la percusión del dedo que ha de tocar la nota de llegada. Es lo que se ha denominado «tocar el piano en el violonchelo»[186]. Esta apertura y repliegue de la mano va más allá de lo que hasta entonces se había considerado académicamente correcto. Eisenberg afirma que antes la mano se desplazaba en bloque y los dedos trabajaban de forma mecánica, levantándose y golpeando la cuerda como los martillos en un piano[187]. Efectivamente, esta práctica es citada por Courvoisier en el violín[188] o Straeten en el violonchelo: «En los cambios de posición la mano debe moverse hacia arriba y hacia abajo por el diapasón como un dispositivo mecánico, *sin alterar la posición relativa de los dedos*»[189]. Aunque Courvoisier recomienda que los cambios sean rápidos para no corromper los intervalos, este tipo de mecanismo favorecía la ejecución de *glissandi*, especialmente en el violonchelo donde el movimiento de la mano para la ejecución de los cambios es mayor que en el violín. Por lo tanto, el principio de tocar el piano en el violonchelo no sólo se traduce en una digitación liberada de la sustancia sentimental de la «escuela vocal», sino también en un nuevo mecanismo para los cambios de posición, que son

---

[185] Cherniavsky, 1952, 400.

[186] Tobel, 1945, 87.

[187] Eisenberg, 1967, 12.

[188] Courvoisier, 1880, 17.

[189] Straeten, 1898, 72.

Ej. 3.3. Alexanian, *Traité*, 55-56.

asistidos por la flexibilidad que aporta «una mano viva»[190]. Casals aboga por la extensión o contracción de la mano pero sin crear tensión o estrés, pues «tensión en la mano provoca tensión en la cabeza, y esto es lo primero que hay que evitar»[191].

El ejemplo más claro de toque pianístico es el descrito por Alexanian para las extensiones en las escalas (Ej. 3.3). Era empleado sistemáticamente por Casals y ocurre cuando en el cambio de posición no hay deslizamiento preparatorio alguno del dedo de partida. En estos casos el dedo que precede al cambio se mantiene fijo durante la extensión, mientras que el dedo que ejecuta el cambio, con el acompañamiento correspondiente del pulgar, se acerca todo lo posible a la nota siguiente. Justo en el momento de tocar la nueva nota el dedo

---

[190] Eisenberg, 1967, 11.
[191] Cherniavsky, 1952, 400.

se lanzará sobre la misma. Alexanian: «Por supuesto, habrá un salto de la mano»[192].

En la escuela de Casals tan relevante es la extensión de la mano en la fase de preparación del cambio como la yuxtaposición o agolpamiento de los dedos. En este aspecto también se aparta de la antigua recomendación de mantener la posición relativa de los dedos en el aire. Borisyak: «*Preparación* es transmitir anticipadamente al conjunto de la mano un movimiento progresivo»[193]. Alexanian, Borisyak y Eisenberg describen el mecanismo de forma similar, insistiendo en el concepto de anticipación. Eisenberg recomienda que el estudio se encamine a entrenar la mano para que, desde la flexibilidad, tan pronto como un dedo toque su nota comience la preparación para la siguiente: «La *mano viva* depende en gran medida de conseguir la elasticidad del movimiento de nota a nota»[194]. Este movimiento flexible de anticipación debe ser continuo y casi imperceptible, de manera que quede integrado de forma plástica en el mecanismo. Asimismo, es muy importante que el brazo colabore sutilmente durante el proceso. En la fase de expectativa, una vez que los dedos estén agrupados formando una mano compacta, tendrán mayor fuerza y facilitarán el impulso y el golpe del nuevo dedo[195]. Así es como Eisenberg describe el mecanismo del cambio mediante la yuxtaposición de los dedos:

---

[192] Alexanian, 1922, 55.

[193] Borisyak, 1929, 23.

[194] Eisenberg, 1967, 12.

[195] Alexanian, 1922, 53.

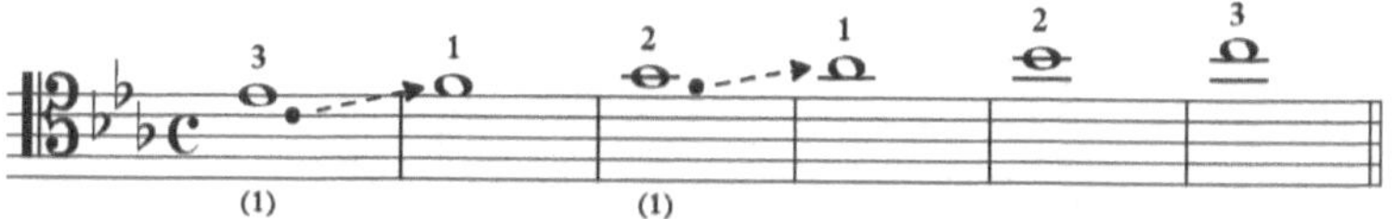

Mientras el tercer dedo sostiene firmemente el *mi bemol*, el primero debe subir por la cuerda hacia el *re* y el *mi bemol* en su camino de *do* a *fa*. Al acercarse al *re* el segundo dedo se levanta y se coloca sobre el tercero. Al mismo tiempo, todo el bloque del antebrazo, que va desde el codo hasta la punta del dedo, también debe moverse para abarcar la distancia entre las dos notas. Esto eliminará cualquier tirón brusco al cambiar de posición. Una vez alcanzada la nueva nota el movimiento debe continuar hacia la próxima. El mismo proceso se debe aplicar a la inversa en el cambio de vuelta, agrupando todos los dedos sobre el primero antes del cambio de posición[196].

En los cambios de posición, el pulgar, idealmente alineado con el segundo dedo, debe desplazarse por el mástil en sintonía con el movimiento dinámico de la mano, ya sea en el proceso de extensión como en el de agolpamiento de los dedos[197]. De la misma forma, Borisyak sugiere que en los cambios ascendentes el pulgar avance hacia la nueva posición a medida que se agolpan los dedos. Sin embargo, en los cambios descendentes, siempre que sea a posiciones cercanas, aconseja que el pulgar sea el primero que se desplace a la nueva posición anticipándose. Esto hace que se forme una especie de resorte cuya energía liberada facilitará la caída con fuerza del nuevo dedo. En consecuencia,

---

[196] Eisenberg, 1967, 12.
[197] Alexanian, 1922, 52; y Eisenberg, 1967, 12.

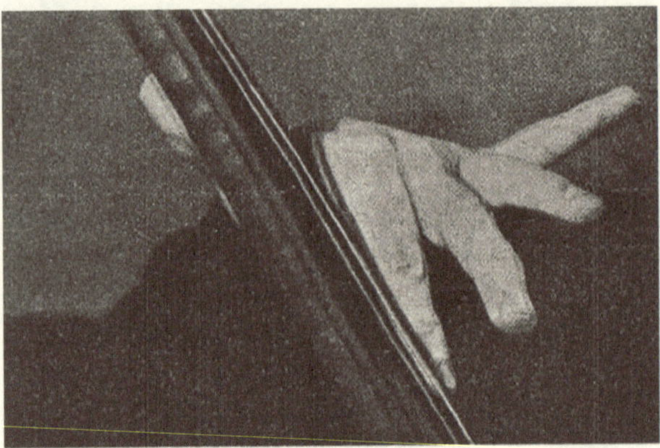

Fig. 3.1. Borisyak, *Principios de la escuela de Pablo Casals*, 25. Demostración de los cambios de posición descendentes.

son la extensión del pulgar y el levantamiento de los dedos los que cobran protagonismo en la fase de preparación, en detrimento del agolpamiento de los dedos. En la fase de expectativa el dedo que tocará la nota en la nueva posición espera elevado y se lanza desde arriba[198]. El proceso descrito por Borisyak en los cambios descendentes implica mayor amplitud de movimiento, una mano menos compacta y dedos más elevados que favorecen la técnica de la percusión (Fig. 3.1).

En resumen, ya sea mediante salto o deslizamiento, el mecanismo para que los cambios resulten inaudibles es descrito de forma similar en tres fases: (1) la preparación, que consiste en la extensión o yuxtaposición de los dedos gracias a una mano flexible, (2) la expectativa, que es el instante en el que el dedo de partida se mantiene a la espera antes de que se lance el dedo ejecutor del cambio, y (3) el lanzamiento, que es el movimiento limpio y súbito combinado con una total relajación de la mano.

---

[198] Borisyak, 1929, 24.

Digitación violinística

Para Casals el violonchelo presenta dificultades que el violín no tiene: «Las cuerdas son más gruesas y requieren mucha fuerza para pisarlas contra el diapasón y garantizar así un sonido perfecto. Luego, las posiciones más bajas requieren la omisión de un dedo para hacer tonos enteros en muchos pasajes, en vez de usar dedos consecutivos como se haría en el violín»[199]. De aquí se desprenden dos aspectos que serán característicos de la escuela de Casals: la importancia del desarrollo de la fuerza de los dedos, especialmente del primero y el cuarto[200], y la aplicación en el violonchelo de la digitación violinística 1-2-3 para la tercera menor. Aunque Casals insistía en que el cuarto dedo, más corto y débil, había que entrenarlo al mismo nivel que los otros tres, evitó emplearlo en muchas situaciones, sobre todo siempre que pudiera sustituirse por el tercero[201].

La aplicación en el violonchelo de la digitación violinística 1-2-3 en la tercera menor requiere el uso de la extensión. Esta práctica podría interpretarse como un retroceso tras más de un siglo de evolución técnica sustentada en la digitación de Duport. Como se observa en el *Arte y escuela de violoncello* (1797) de Pablo Vidal o en el *Anleitung zum Violoncellspiel* (1802) de Joseph Alexander, en el tránsito del siglo dieciocho al diecinueve la digitación violinística todavía estaba presente en el violonchelo[202]. Duport escribe en su *Essai* que había muchos violonchelistas que todavía tocaban con la

---

[199] Casals (en *The Etude*), 1922, 352.
[200] Eisenberg, 1967, 1.
[201] Roettinger, 1994, 76.
[202] Alexander escribe: «El segundo tipo de digitación también pasa por todas las notas con 1-2-3 hasta que se inserta el pulgar, de modo que el cuarto dedo está completamente ausente». Alexander, 1802, 14.

posición inclinada de la mano, al estilo de los violinistas[203]. Puede que su vigencia en esta época se deba al papel que el violonchelo más frecuentemente cumplía: todavía ligado a sus funciones primitivas de simple bajo de acompañamiento. Por otra parte, muchos violinistas no sólo enseñaban a tocar el violonchelo, sino que ellos mismos, si la situación lo requería, lo tocaban aplicando la misma digitación que en el violín. Pero en el caso de Casals, la utilización de la digitación violinística debe interpretarse en primer lugar como la aspiración a un modelo, y en segundo lugar como un recurso más que favorece la expansión de la mano izquierda y, por ende, la búsqueda de claridad y ligereza para el violonchelo.

Entre los argumentos que podrían esgrimirse a favor de la aplicación de la configuración violinística en la tercera menor estarían los siguientes: (1) el tercer dedo es por lo general más fuerte que el cuarto, (2) en ciertos contextos el uso del tercer dedo es más propicio para la expresión del *portamento* o el *vibrato*, (3) el cuarto dedo queda libre para abarcar la tercera mayor o para la ejecución con él de una extensión suplementaria, (4) y finalmente esta configuración resulta más ergonómica en ciertos pasajes[204]. Por ejemplo, en una escala de *re mayor*, después de mantener la extensión en las cuerdas inferiores, puede resultar más práctico mantener la posición abierta que cerrar la mano, ya que también contribuye a la fluidez de la digitación. Eisenberg: «Se comprobará que al cruzar las cuerdas, desde la cuerda *do* a la cuerda *la*, un ligero movimiento del cuerpo desde las caderas hasta el hombro tira de la mano hacia la izquierda para tocar en las cuerdas más altas»[205] (Ej. 3.2.a).

---

[203] Duport, 1806, 8.

[204] Casals (en *String Mastery*), 1923, 229-30.

[205] Eisenberg, 1967, 17.

Ej. 3.4. Casos de aplicación de la digitación violinística: (a) Eisenberg, *Traité*, 17; (b) Borisyak, *Principios*, 54; (c) Alexanian, *La technique et l'esthétique*, 231; (d) *Ibidem*, 233.

Reflexión

La técnica de la percusión de los dedos se deriva —como se adelantó en el segundo capítulo— de una tradición interpretativa instrumental inspirada en la «escuela vocal». Por eso, cuando Casals se refiere personalmente a la percusión en los instrumentos de cuerda, habla de seguir un principio natural: la nitidez que proporciona la pronunciación de las consonantes en el canto o en el lenguaje hablado[206]. Puesto que *la prononciation de l'archet* era la que había aportado a la ejecución los rasgos

---

[206] Corredor, 1975, 240.

articulatorios de las consonantes en la tradición decimonónica, parece coherente atribuir a Casals el haber extrapolado, estéticamente hablando, este principio a la técnica de la mano izquierda: *la prononciation des doigts*. Bajo este concepto cabe tanto la técnica de la percusión como la acción de retirar los dedos punteando la cuerda.

La idea de una mano izquierda expandida es una de las aportaciones más personales de Casals. Desde una mano permanentemente elástica y adaptativa, esta idea supuso no sólo liberar a todas las distancias interdigitales de su anclaje cromático, sino también concebir la extensión como un elemento de conexión interposicional. La aplicación sistemática de las extensiones que Casals impulsó fue una propuesta revolucionaria que tuvo una justificación reaccionaria: superar la estética de los *glissandi-omnibus*. Una vez cumplido este objetivo, Casals también abandonaría las soluciones más extremas y forzadas por movimientos más naturales para la mano: «No se gana nada en querer violentar la Naturaleza, y, por otra parte, tampoco es necesario, puesto que nos basta con utilizar los medios que suele poner a nuestra disposición»[207]. Poco después, artistas como Emanuel Feuermann o Daniil Shafran vendrán a aplicar con naturalidad y fantasía la digitación violinística y las extensiones en el violonchelo, y pedagogos como Louis Feuillard considerarán que los alumnos debían iniciarse pronto en la práctica de todas las posibles configuraciones de una mano expandida[208].

---

[207] Casals (en *Pablo Casals cuenta su vida*), 1975, 237-38.
[208] Véase el *Estudio n.º 60* de los *Études du jeune violoncelliste* (1929).

Ej. 3.5. Dvořák, *Rondo en sol menor*, op. 94. Digitación de Emanuel Feuermann.

Ej. 3.6. Dvořák, *Concierto en si menor*, op. 104, *Adagio ma non troppo*. Digitación de Daniil Shafran.

Otros violonchelistas, en cambio, manifestaron que la utilización de la digitación violinística era una característica individual de Casals derivada de la facilidad que le brindaba la estructura anatómica de su mano, y no el resultado de una administración inteligente de la digitación al servicio de la expresión musical, por lo que esta digitación no podía asumirse como propia de la técnica del violonchelo[209]. Paul Bazelaire o Maurice Gendron, sin minusvalorar su importancia para la técnica moderna, se opondrán al uso continuado de las extensiones y las hiperextensiones por inducir una fatiga innecesaria a la mano[210].

---

[209] Alexanian, 1921, 232.
[210] Bazelaire, 1928, 17, y Gendron, 2015, 9.

La afinación

El problema de la afinación es interminable. ¡Me ha ocupado
toda la vida y todavía lo sigue haciendo![211]

Pau Casals

La búsqueda de la perfección en la afinación tiene una influencia decisiva en el desarrollo de la expresión artística y de la técnica de la mano izquierda. El oído sensible controla y ajusta con precisión los concienzudos movimientos de la mano y de los dedos. Sin un oído sensible, el estudio resulta destructivo y la idea de la mano sobre los intervalos en lugar de consolidarse se debilita. Casals consideraba que la afinación era una necesidad primordial para el músico, por ello que se convierte en una prueba decisiva de su sensibilidad[212].

El trabajo de la afinación sigue un proceso de relación interválica mediante el cual los sonidos se conectan mentalmente y mediante la digitación. Al igual que ocurre cuando se canta, hay que conocer la altura de un sonido antes de producirlo. Se trata por tanto de afinar sonidos vinculados en sucesión y no de encontrar notas aisladas y correctamente afinadas. Si no se anticipa mentalmente la altura de la siguiente nota en relación con la que se está tocando, o en relación con la última que haya sonado, no se puede conocer si la afinación es correcta[213]. El estudio de la

---

[211] Casals (en *Cello playing of today*), 1967, 78.
[212] Corredor, 1975, 234.
[213] Courvoisier, 1894, 42.

teoría musical y el aprendizaje de un instrumento no van juntos, por eso la mejor forma de adquirir los conocimientos relacionados con la afinación y la acústica es cantando[214]. Es lo que siempre recomendaron los grandes maestros a lo largo del siglo diecinueve. Casals afirmaba que los buenos cantantes son los primeros en darse cuenta de los recursos expresivos que ofrece la afinación perfecta, que para él no es la que se deriva del temperamento igual, sino la afinación expresiva [*justesse expressive*][215].

El sistema temperado, que no se impone definitivamente hasta el siglo diecinueve, es una solución de compromiso que reajusta una serie de consonancias incompatibles, desafinándolas, para que la práctica musical sea viable. Este reajuste divide la octava en 12 partes iguales y hace que las diferentes tonalidades presenten características homogéneas. Por otra parte, la afinación expresiva no es otra cosa que la desviación del temperamento igual hacia la afinación justa o natural para potenciar la expresión de ciertos intervalos dentro de un ámbito tonal determinado. Es decir, permite que ciertas notas melódicas modifiquen su altura temperada por la atracción que ejercen ciertos grados de la escala.

Afinación expresiva vs. afinación temperada

Casals no fue un innovador en esta cuestión, sino que, consciente del potencial de la afinación para intensificar la expresión, quiso explorarla hasta sus últimas consecuencias. En efecto, muchas de las ideas desarrolladas por Casals y su escuela bajo el concepto de afinación expresiva ya fueron expuestas por Mathis Lussy en su *Traité de l'expression musicale* (1874). La escala, si se

---

[214] Courvoisier, 1894, 56.
[215] Véase Corredor, 1975, 235.

habla desde un punto de vista acústico, o la tonalidad, si se hace desde un punto de vista psicológico, es para Lussy el primer elemento de la música. El oído musical tiende a ser seducido por la atracción asociada a la tonalidad, por cómo cada nota de la escala diatónica se relaciona con la tónica y por cómo todas las notas se relacionan entre sí. Por tanto, la tónica por sí misma no ejerce atracción, sino que es la relación interválica la que genera dicha atracción. Lussy se lamenta de la devaluación que había sufrido el concepto de tonalidad con la adopción del temperamento igual y la consiguiente división de la segunda mayor en dos partes iguales. Llega a decir incluso que el piano debería poseer dos teclas negras entre *do* y *re*, *re* y *mi*, etc., y no una nota intermedia falsa que no es ni un *do sostenido* ni un *re bemol*[216]. Es interesante la atención que presta Lussy al sentimiento asociado a cada una de las tonalidades y (como Romberg, Baudiot, Rabaud, Davidov o Straeten) la reivindicación que hace de la «sutileza del semitono»[217], esto es, la necesaria diferenciación entre el sostenido y el bemol.

Uno de los primeros virtuosos en defender el temperamento igual en la práctica instrumental es Louis Spohr:

> Por entonación pura se entiende naturalmente la del temperamento igual, ya que en la música moderna no existe otra. El violinista principiante sólo necesita conocer esta afinación. Por esta razón, en este método ni el temperamento desigual ni los semitonos pequeños o grandes se mencionan,

---

[216] Lussy, 1874, 6.
[217] Corredor, 1975, 236.

porque sólo serviría para confundir el sistema basado en el tamaño absolutamente igual de los 12 semitonos[218].

Una hipótesis probable es que Spohr hubiera exigido la afinación temperada en oposición a un abuso generalizado de la afinación expresiva en la práctica. Con la llegada de los excesos dramáticos de los virtuosos románticos y el desarrollo de un estilo más bizarro la afinación expresiva puede que se aplicara en alto grado. El empleo de recursos inesperados para impresionar, la introducción de una digitación expresiva extrema (la que emplea un mismo dedo para tocar toda una frase), así como el interés por reproducir los infinitos matices entonacionales de la voz humana, hacen pensar que los virtuosos llevaron el canto melódico hasta límites insospechados, hacia un lenguaje emocional que incluso pudo ir mucho más allá de las licencias que permitía la afinación expresiva. El violonchelista Justus Johann Friedrich Dotzauer se refiere en su *Méthode de violoncelle* (1825) a este tipo de prácticas cuando crítica el estilo dramático de interpretación, el que «se pierde en sostenidos y bemoles»[219].

Spohr no sólo fue un reconocido virtuoso con apego a la tradición clásica, sino también un reputado compositor y director de orquesta. Cabe también la posibilidad de que este hecho le hiciera tener una perspectiva mucho más clara sobre la necesidad de unificar los criterios de afinación: era una cuestión básica para el aprendizaje instrumental y para la interpretación de conjunto. En otro momento de su *Violinschule*, cuando trata las diversas escalas y tonalidades, Spohr se mantiene férreo: «Elevando el *do* con un sostenido y bajando el *re* con un bemol

---

[218] Spohr, 1832, 3.
[219] Dotzauer, 1825, 46.

se llega a la misma nota, por tanto sólo hay una distinción en la designación, no en el sonido»[220]. En la misma línea parece situarse el también violinista y director François-Antoine Habeneck, quien realizó una influyente labor pedagógica en el Conservatoire de Paris. Su preocupación por la unificación de la sonoridad de conjunto de los instrumentos de cuerda es uno de los grandes hitos en la historia de la interpretación y fue exaltada por Richard Wagner en su ensayo *Über das dirigieren*[221] (1869). Wagner relata el impacto que supuso para él escuchar el estilo unificado de los músicos de la orquesta del conservatorio interpretando la *Novena Sinfonía* de Beethoven en 1839. Aparentemente Habeneck sólo contempla el temperamento igual: «Para fijar mejor las distancias o la división de la escala diatónica y de la escala cromática el alumno debe ejercitarse con el piano»[222]. No hay que olvidar que esta afirmación está hecha en un contexto didáctico y dirigida específicamente al violinista principiante. En efecto, Habeneck aclara que la asistencia del piano se trata de un recurso pedagógico de nivel inicial[223].

Volviendo al ámbito germano, el violonchelista Bernhard Romberg viene a corroborar la hipótesis de que la práctica de la afinación expresiva era un requisito imprescindible de la expresión musical. Romberg escribe en su *Violoncell Schule* (1840): «Se toma una nota con un sostenido un poco más alta, o con un bemol un poco más baja, de lo que el cálculo teórico indica, aunque esto suponga un conflicto entre el cálculo sonoro y el

---

[220] Spohr, 1832, 56.
[221] Véase Wagner, 1897, 15-19
[222] Habeneck, 1842, 14.
[223] Habeneck, 1842, 14.

sentimiento»[224]. Al mismo tiempo añade algo que ni Spohr ni Habeneck dicen, y es que no merecía la pena entrar a explicar a un principiante la diferencia real entre un sostenido y un bemol, ya que sólo serviría para confundirlo[225]. Romberg incluye al final de su método uno de los apartados más enigmáticos dedicados a la expresión musical de todo el siglo diecinueve, por la analogía que establece entre la interpretación musical y la declamación poética y oratoria. Este apartado, que debe ser de estudio y conocimiento para todo músico interesado en el estilo interpretativo en torno al círculo de Beethoven, ofrece algunas pautas para la aplicación de la afinación expresiva:

> Cada vez que esta última [la sensible] se presenta como la última nota, hay que, a causa de la expresión, destacarla un poco más que las otras. Si en el modo menor aparece un sonido que no forma parte en absoluto de la tonalidad de la pieza, hay que acentuarlo particularmente. Precisamente, en esta manera diferente de acentuar yace ese tinte melancólico propio del modo menor. Hay que añadir a esto que para reforzar el carácter del modo menor se toma la nota sensible un poco más alta que en las tonalidades mayores, y la séptima menor un poco más baja[226].

Aunque con posturas encontradas sobre este asunto, Romberg y Spohr representarán los ideales artísticos de la escuela clásica dentro del panorama de marcada polarización estilística que surge tras la irrupción de los virtuosos románticos[227]. El

---

[224] Romberg, 1840, 17.
[225] Romberg, 1840, 17.
[226] Romberg, 1840, 128.
[227] Véase Gollmick, 1838, 268.

intérprete que mejor encarnó estos ideales durante el segundo romanticismo fue Joseph Joachim[228], quien siempre practicó la afinación expresiva a pesar de haber sido severamente criticado por ello. Fuller-Maitland describe a Joachim como «el gran maestro de la afinación justa en la interpretación musical»[229] y arguye que son los oídos entrenados bajo la afinación temperada del piano los que encuentran la afinación expresiva deficiente. Es más, intenta ofrecer un respaldo científico que valide la práctica de la afinación expresiva: «El acústico más grande de los tiempos modernos, Helmholtz, ha demostrado que Joachim sigue en sus interpretaciones la *afinación justa* y está mucho más cerca de la verdad científica exacta que cualquier otro violinista»[230]. Fuller-Maitland subraya además la importancia de tomar conciencia de la afinación en cada contexto tonal, ya que una nota *mi* en la tonalidad de *do mayor* no tendrá la misma altura que un *mi* en la tonalidad de *re mayor*[231]. Joachim puede ser considerado uno de los referentes más directos para Casals en esta cuestión, no sólo por la adscripción estilística e ideológica que se viene documentando, sino también porque le había escuchado tocar en varias ocasiones, como solista y con su cuarteto[232].

Courvoisier, que había desarrollado sus publicaciones de 1880 y 1894 siguiendo las enseñanzas de Joachim, reconoce la necesidad de trabajar tanto la afinación temperada como la afinación expresiva. Esta última la trata anecdóticamente, ya que sería más propia para intérpretes avanzados. Como norma recomienda

---

[228] Las características del estilo de Joachim ya se han descrito en el primer capítulo.
[229] Fuller-Maitland, 1905, 34.
[230] Fuller-Maitland, 1905, 33.
[231] Fuller-Maitland, 1905, 33.
[232] Véase Corredor, 1975, 246.

que la afinación de la melodía se subordine a la armonía[233] y, en el caso de aplicar la entonación expresiva, destaca la conveniencia de sentir las relaciones interválicas[234]. Al igual que Romberg, Courvoisier alerta de que los alumnos no suelen estar atentos a las constantes modificaciones de la posición de los dedos que son necesarias para ajustar la afinación en los intervalos o para diferenciar entre sostenidos y bemoles. Por último, contempla un reajuste cuidadoso de toda la mano que depende de la tonalidad que se esté tocando: la mano avanzaría ligeramente en las tonalidades con sostenidos y se retraería en las tonalidades con bemoles[235].

A un nivel avanzado, Eugène Ysaÿe, violinista que Casals admiraba, transmitía a los alumnos la importancia de diferenciar entre la afinación expresiva [*melodic intonation*] y la afinación armónica [*differential intonation*], destacando que esta distinción es una de las bases del arte de la interpretación[236].

Tomando los testimonios que se han recogido hasta ahora, la impresión es que la afinación expresiva pudo llevarse a extremos impensables por parte de los virtuosos de la escuela dramática en ciertos periodos del romanticismo. En segundo lugar, es evidente que en la era pre-Casals hubo una preocupación clara por la afinación expresiva: era uno de los requisitos del *bello stilo*. En efecto, al alumno principiante se le exigía simplemente afinar correctamente teniendo como referencia el estándar del temperamento igual, a veces con la ayuda del piano. Pero en un nivel más avanzado se esperaba que desarrollara el sentimiento

---

[233] Courvoisier, 1894, 46.

[234] Courvoisier, 1894, 69.

[235] Courvoisier, 1880, 23.

[236] Ribaupierre (en *String Mastery*), 1923, 157.

tonal, la afinación justa y la sutileza del semitono. Hippolyte-François Rabaud, uno de los más destacados alumnos de Franchomme, apunta en esta dirección en su *Méthode complète de violoncelle* (1878): «Para poder tocar perfectamente afinado, el alumno tendrá que acostumbrarse pronto a separar los dedos para hacer el semitono cromático y a juntarlos para hacer el semitono diatónico»[237]. Una vez más puede comprobarse que la idea de «afinación perfecta» está relacionada con la afinación expresiva y no con el temperamento igual.

La sutileza del semitono

Straeten redactó su *Technics of violoncello playing* (1898) en sintonía con los principios estéticos de la escuela clásica y bajo la supervisión de Alfredo Piatti[238]. La afinación de los semitonos mereció para Straeten un capítulo aparte, por lo que cabe pensar que esta no fue una preocupación menor en el ámbito de los instrumentos de cuerda. Al igual que Lussy, se detiene en explicar la solución de compromiso que supone seguir el sistema temperado y tocar los sostenidos y los bemoles en su punto medio. Abogando por la afinación justa, Straeten señala la importancia de imitar la forma en la que los buenos cantantes sienten los semitonos: tienen que sugerir la dirección hacia donde resuelven, a excepción de cuando se toca con piano[239]. Sin embargo, el temperamento igual del piano nunca supuso ningún conflicto para Casals: «No tengas miedo de desafinar con

---

[237] Rabaud, 1878, 3.
[238] Véase cita 42.
[239] Straeten, 1898, 74.

el piano, porque el piano está desafinado»[240]. Mientras que no se viera comprometida la afinación de conjunto, Casals siempre aceptaba la sutileza del semitono. Así, en el siguiente ejemplo habla de corregir el *la sostenido* falso que haría el piano: «Cuanto más cerca, más expresivo»[241] (Ej. 4.1):

Ej. 4.1. Beethoven, *Sonata en la mayor*, op. 69,
Allegro, ma non tanto.

Es difícil establecer hasta qué punto puede desviarse la afinación, ya que Casals nunca consideró que estas desviaciones pudieran medirse. El buen gusto, la sensibilidad y el sentimiento de la línea melódica eran los elementos que debían guiar la intuición del intérprete. En todo caso, Casals afirmaba que siguiendo la afinación expresiva podría llegar a existir una distancia mayor que un semitono entre, por ejemplo, un *re bemol* y un *do sostenido*[242]. Ahora véase un ejemplo similar dado con anterioridad por el violonchelista Arthur Broadley:

---

[240] Casals (en *Head, Hand and Heart*), 1994, 73.
[241] Casals (en *Music and Letters*), 1921, 363.
[242] Corredor, 1975, 235.

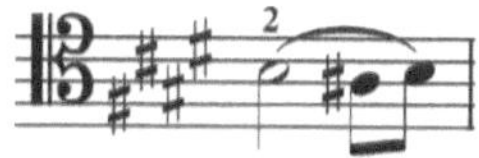

En el primer compás de la *Cantilena* de Goltermann el primer dedo está en el *la sostenido* en la media posición. El carácter de la accidental que sigue al *si natural* es tal que el músico parece casi obligado a tocar esta nota tan cerca del *si* como sea posible. Un músico con un oído bien entrenado se molestaría si no obtiene el intervalo más pequeño entre las dos notas, por lo tanto, inconscientemente hará que el *la sostenido* sea lo más «sostenido» posible[243].

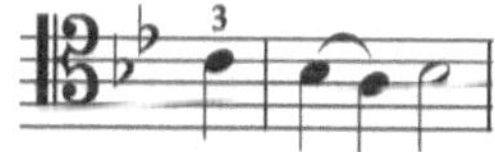

Ahora tenemos una idea diferente en el *si bemol* (equivalente a *la sostenido*). En el paso de *do* a *si bemol* no tenemos la impresión de que el *si bemol* deba ser atraído por el *do*, sino todo lo contrario. Uno sólo tiene la sensación de satisfacción cuando toca el intervalo más grande posible entre las dos notas, entre la supertónica y la tónica. En el segundo *si bemol* la emoción está en hacer un tranquilo *glissando* de la sensible a la tónica, haciendo el menor intervalo posible. Por lo tanto, el *si bemol* se empuja hacia abajo respecto al *do*, que nuevamente es atraído hacia abajo por el *la*. Es imposible tocar aquí de otra forma que no sea la más «bemolizada» si se quiere algún sentimiento de satisfacción[244].

---

[243] Broadley, 1899, 50.
[244] Broadley, 1899, 50-51.

Dicho así, subiendo el *la sostenido* lo más posible y bajando el *si bemol* significativamente, se podría obtener también aquí una distancia mayor que un semitono entre ambas notas. Hay que señalar la interesante referencia al *portamento*. Situado en un lugar característico, es otro recurso expresivo que, redundantemente, subraya el proceso de distensión, aumentando de este modo el sentimiento de satisfacción.

El estudio de la escala cromática es particularmente útil para abolir la concepción de que todos los semitonos son iguales. En el movimiento ascendente, Casals subía la afinación desde la segunda nota, siguiendo esta analogía en todos los semitonos cromáticos. En el movimiento descendente aplicaba el sistema contrario. Borisyak: «El sostenido para él siempre sonaba más alto que el bemol de la nota superior adyacente»[245].

El afán por teorizar sobre el principio de la afinación expresiva lleva a Alexanian a distinguir entre una digitación musical [*doigtés musicaux*][246] y un tipo de digitación puramente técnica. Uno podría preguntarse si la elección de la digitación acaso no debería seguir siempre criterios estrictamente musicales, pero hay que situarse en la encrucijada estético-interpretativa del momento, tener en cuenta la evolución de los gustos musicales y la deriva sentimental que había tomado el violonchelo a finales del diecinueve. La digitación musical es la que tiene en cuenta el diseño rítmico, el semitono en el cambio de posición o las extensiones y las hiperextensiones para huir de la estética de los *glissandi-omnibus*[247]. Pero también es aquella sobre la que se fundamenta la afinación expresiva, es decir, la digitación que

---

[245] Borisyak, 1929, 57.

[246] Alexanian, 1921, 231.

[247] Término acuñado por el violinista Carl Flesch. Flesch, 1937, 204.

es sensible a la atracción de la tónica, al contexto armónico y a la discriminación del semitono diatónico y cromático. El siguiente motivo que corresponde a la transición al segundo tema del *Concierto en la menor* de Saint-Saëns es un ejemplo de lo que sería una gestión musical de la digitación (Ej. 4.2). Los dedos no deben mantenerse temperadamente equidistantes, sino que tienen que ajustarse respondiendo a la atracción que forman entre sí los diferentes intervalos cromáticos[248]. Aquí, la atracción entre el *la* y el *si bemol* por un lado, y la atracción entre el *si* y el *do* por otro, exige disponer las cuatro notas de dos en dos, obligando a una pseudoextensión entre el primer dedo y el segundo (Ej. 4.2.a), o entre el segundo y el tercero (Ej. 4.2.b). Cualquier otra lectura que se desvíe de la intención musical del autor resultaría incorrecta.

Ej. 4.2. Saint-Saëns, *Concierto en la menor*, op. 33, *Allegro non troppo*. Digitación de Casals.

El desarrollo del sentimiento tonal y de *les doigtés musicaux* comienza con el estudio de la escala, con el objeto de asimilar la relación interválica que se establece entre los sonidos conjuntos

---

[248] Alexanian, 1921, 231.

de sus dos tetracordos[249]. Para que el oído alcance una satisfacción musical completa, el semitono del tetracordo debe ser más pequeño de lo que el cálculo matemático indica en el sistema temperado. Así, el estrechamiento del semitono no se realiza bajando el cuarto sonido, sino subiendo el tercero, que es atraído por el cuarto ascendentemente. Este era uno de los puntos observados por Casals cuando estudiaba. Perseveraba en este trabajo hasta que las tensiones interválicas quedasen completamente resueltas. Es más, al igual que había dicho Courvoisier, Casals abogaba por una recolocación de la posición de la mano en las escalas con bemoles, tocando las notas fijas especialmente bajas para que las cuerdas al aire pudieran cumplir con efecto la función de sensibles[250]. Este trabajo requería al mismo tiempo un perfecto dominio de las extensiones del mástil. En condiciones normales la extensión necesaria para realizar la tercera mayor, por ejemplo en la escala de *re mayor*, ya implica un esfuerzo considerable en la primera octava (cuerdas *do* y *sol*), que debe incrementarse cuando se aplica el principio de la afinación expresiva en los dos tetracordos. Tanto la tercera mayor, atraída por la subdominate *sol*, como la sensible, atraída por la tónica, deberán elevarse ligeramente aumentando la apertura de la mano[251].

Casals dedicaba muchas horas al estudio de las escalas y también a la práctica de ejercicios encaminados al desarrollo del oído y de una digitación tonal y motívicamente contextualizada. En este sentido, insistía en erradicar la idea de los sonidos como entidades aisladas, idea derivada del temperamento igual, para aprender a escucharlos en su relación interválica dentro de

---

249 Borisyak, 1929, 56.
250 Tobel, 1945, 82.
251 Eisenberg, 1967, 75.

una armonía o tonalidad dada. Para el desarrollo de esta facultad auditiva recomendaba el estudio de ejercicios simples tomando como referencia la afinación fija de las cuerdas al aire. Casals: «Cada día durante cincuenta años he tenido que volver a encontrar el *mi* de nuevo»[252] (Ej. 4.3).

Ej. 4.3. Eisenberg, *Cello Playing of Today*, 75.

Escuchando a Casals

Uno de los ejemplos más claros para apreciar la aplicación de la afinación expresiva es la excepcional grabación que hicieran Casals y Otto Schulhof en 1930 de la *Sonata en la mayor* de Beethoven. Aquí se puede observar la conciliación entre la afinación temperada y la afinación justa, así como el empuje constante que esta última aporta al fraseo. Lussy había definido la expresión musical como «la manifestación de las *impresiones* que las notas irregulares, destructivas del tono, del modo, del compás o del ritmo, producen sobre el sentimiento»[253]. Si hay algún lugar donde analizar los parámetros de la expresión orgánica de una frase siguiendo esta definición es el tema principal del primer movimiento de la *Sonata en la mayor* (Ej. 4.4.a). El tema que expone el violonchelo es uno de los pocos

---

[252] Casals (en *Cello playing of today*), 1967, 75.
[253] Lussy, 1874, 8.

monólogos instrumentales de la música de cámara de Beethoven. La frase emerge desnuda como esencia temática pura derramada directamente del espíritu del compositor. La declamación de esta frase demuestra cómo la afinación expresiva es para la afinación temperada lo que el *rubato* para el ritmo, y cómo las desviaciones de lo matemáticamente correcto son las que imprimen la elocuencia emotiva a la interpretación de Casals. Por otra parte, las frecuentes escalas que aparecen en la sección del segundo tema ilustran asimismo todas las observaciones apuntadas por Borisyak. Especialmente estimulante por el sentido de precipitación que adquiere es el diálogo de escalas que aparece tras el heroico tema final de la exposición. En el primer pasaje (Ej. 4.4.b) Casals sube la afinación de forma general, siendo llamativa la elevación del *do sostenido* agudo y el *sol sostenido* final, que contribuye a aumentar la sensación de tensión y empuje en esta zona cadencial.

Ej. 4.4. Beethoven, *Sonata en la mayor*, op. 69, *Allegro, ma non tanto*. (a) cc. 1-6. (b) c. 80.

Casals está considerado el restaurador del patrimonio violonchelístico de Bach y durante décadas sus interpretaciones de las *Suites* han inspirado a músicos de todo el mundo. Si se quiere tener una idea más certera del Bach que convivió con Casals en el apogeo de su fama como virtuoso, hay que acercarse al registro que hizo de los movimientos *Prélude*, *Sarabande*, *Bourrée* y *Gigue* de la *Suite en do mayor* para el sello Columbia en 1915-16. La fluidez del fraseo, la pureza del sonido, la claridad en la dicción, el empleo de un *vibrato* delgado y noble al estilo de Ysaÿe, la presencia sutil del *portamento* en la zarabanda, la viveza de los trinos y una afinación expresiva continuamente matizada hacen verdadera justicia a los apelativos que alabaron su arte[254]. Otro aspecto relativo a la afinación que siempre preocupó a Casals fue la afinación de las quintas en el violonchelo. En sus grabaciones de Bach es fácilmente perceptible que la afinación de las dos cuerdas más graves es un poco más alta. Casals justificaba esta forma de afinar el violonchelo argumentando que las quintas naturales quedan un poco más separadas que las quintas temperadas, por lo que las cuerdas graves siempre suenan algo bajas en relación con las agudas. Para compensarlo subía la afinación de las dos cuerdas graves del violonchelo, formando *re* y *sol* una quinta ligeramente disminuida[255]. Además de la sutileza del semitono, estas grabaciones muestran los ajustes necesarios de afinación que exige este sutil sistema de quintar el violonchelo. Por ejemplo, en la versión de 1915 de la *Sarabande* de la *Suite en do mayor* se escucha cómo Casals va reajustando la afinación, subiéndola, antes de la llegada a la tónica *sol* en la caída del compás 8. Así consigue que esta resulte en octava justa respecto a la cuerda *sol* (Ej. 4.5).

---

[254] Es indiscutible el valor histórico e interpretativo que tiene la posterior grabación completa de las *Suites*, realizada entre 1936 y 1939, no obstante hay que apuntar que Casals nunca estuvo satisfecho con el resultado. Véase Baldock, 1994, 203.

[255] Tobel, 1945, 80.

Ej. 4.5. Bach, *Suite en do mayor, Sarabande.*

Ej. 4.6. Schumann, *Concierto en la menor,* op. 129,
Nicht zu schnell. Digitación de Casals.

Por último, Casals defendía que artísticamente era imposible aceptar la enarmonía temperada: que un *si doble bemol* pudiera equivaler a un *la*, o que un *si sostenido* y un *do* fueran el mismo sonido pero con distinta designación. Por ejemplo, en el desarrollo del primer movimiento del *Concierto en la menor* de Schumann, en el motivo de enlace al tema principal cuando este aparece en *fa sostenido menor* (Ej. 4.6), la ejecución del *si sostenido* con la cuerda *do* al aire, como por otra parte suele ser lo habitual, era para Casals todo un acto de inconsciencia musical[256]. Las dos notas que forman un intervalo son dos puntos que generan entre sí atracción o repulsión. Si se sigue el principio de la afinación expresiva y se respeta la atracción entre el *do sostenido* y el *si sostenido*, la cuerda *do* al aire quedaría considerablemente baja. Para evitarlo Casals propone tocar el *si sostenido* con el primer dedo. Así se aprecia en su grabación del

---

[256] Alexanian, 1921, 231.

Concierto en la menor junto a Eugene Ormandy y la Orquesta del Festival de Prades (1953).

Reflexión

Casals desarrolló su estilo interpretativo a partir de una intuición alimentada analíticamente por todos los principios que gobiernan la expresión. La afinación expresiva es otro elemento más que contribuye a intensificar la sensación de tensión y distensión dentro del fraseo y a crear así un sentido de la progresión incontenible. En toda la literatura especializada del siglo veinte el principio de la afinación expresiva se le ha atribuido a Casals[257]. En efecto, el propio Casals habla de la afinación expresiva como «mi sistema»[258]. Sin embargo, son contundentes los testimonios que demuestran que su práctica fue muy habitual entre los músicos románticos. Incluso Alexanian rebate la apropiación que hace Casals del principio de la afinación expresiva, reconociendo que siempre se había practicado y enseñado. En su caso, afirma que había recibido las primeras nociones sobre esta cuestión durante sus estudios con Friedrich Grützmacher en Dresden[259].

Por otro lado, su alumno Rudolf von Tobel escribe que el principio de la afinación expresiva lo establecieron Casals y George Enescu motivados por la forma expresiva en que los músicos cíngaros húngaros orientaban su afinación guiados por el sentimiento[260]. La mención a Enescu viene a confirmar la

---

[257] Véase Stowell, 2004, 202.
[258] Corredor, 1975, 235.
[259] Alexanian, Bazelaire y Salmon, 1928, 132.
[260] Tobel, 1945, 81.

extraordinaria influencia que ejercieron sobre Casals los violinistas que hacían *le métier* en Paris en torno a 1900[261]. Pero aquí también hay que destacar la referencia a la música cíngara. Es bien conocida la influencia que tuvo el folclore en la música francesa de la época a raíz de la Exposición Universal de Paris de 1889. El violonchelista Alfredo Larrocha, testigo directo de este acontecimiento, confirma que la expresión de los violinistas franceses se vio igualmente influenciada por el estilo que trajeron las orquestas formadas por músicos húngaros y rumanos, afectando sobre todo a la exageración del *vibrato* y el *portamento*[262]. Larrocha: «A partir de aquel momento, todos los violinistas tocaban de igual modo la música seria como las tan famosas como manoseadas czardas»[263]. Aunque este aspecto por sí solo requeriría un estudio aparte, los indicios apuntan a que los músicos *tziganes* pudieron ejercer una influencia importante en la interpretación musical de la época.

Sea como fuere, Casals llevó a cabo una aplicación casi obsesiva de la afinación expresiva, lo que le sitúa en la corriente reaccionaria que cuestiona la afinación impuesta por el sistema temperado. Las discrepancias entre los defensores de la afinación temperada y la afinación expresiva fueron creciendo a lo largo de la segunda mitad del siglo diecinueve, encontrando en el estilo de Joachim su punto álgido[264]. Casals dio continuidad a este debate y a una preocupación que —como se ha comprobado— no sólo era antigua sino también compartida por grandes violinistas de su círculo musical como Ysaÿe o Enescu.

---

[261] Véase Flesch, 2000, vol. I, 9; Rostal, 2004, 124; y Martens, 1923, 157.

[262] Larrocha, 1938, 69.

[263] Larrocha, 1938, 70.

[264] Véase Fuller-Maitland, 1905, 31–34.

En el ámbito del violonchelo, Luigi Forino o Paul Bazelaire se posicionarán totalmente contrarios a esta práctica. Bazelaire, desde su prestigiosa cátedra del Conservatoire de Paris, se lamentará de la difusión que, gracias a la influencia de Casals, se estaba haciendo de este principio en la École Normale de Musique: «Un artista sensible que tiene una afinación perfecta, se acerca él mismo, inevitablemente, de vez en cuando, a la afinación expresiva, pero tiene toda la consideración de la excepción, ya que el artista cede mucho más al instinto musical que al razonamiento de un principio establecido»[265]. Explica además que su puesta en práctica tiene muchas desventajas: el conflicto que surge en la afinación cuando se toca con el piano, la confusión que crea a nivel pedagógico en los alumnos y la falta de proyección del sonido en las salas de concierto ante la ausencia de resonancias por simpatía. Forino añade por su parte que el oído está educado en los intervalos que ofrece el sistema temperado y no concibe otros menores, o al menos no los concibe de forma tan determinada como para establecer un principio universal[266].

Independientemente de la credibilidad que puedan tener los distintos testimonios, ninguno ensombrece el hecho de que el principio de la afinación expresiva, junto con todas sus implicaciones, es un elemento más que hace que el sonido de Casals sea inconfundible.

---

[265] Bazelaire, 1928, 13.
[266] Forino, 1930, 250.

Bibliografía

ABBIATE, Louis, *Nouvelle Méthode de Violoncelle théorique et pratique*. Paris: Enoch, 1900.

ALEXANDER, Joseph, *Anleitung zum Violoncellspiel*. Leipzig: Breitkopf & Härtel, [1802].

ALEXANIAN, Diran, «La technique et l'esthétique de Pablo Casals», en *Le Monde Musical*, n.º 13-14. Paris: julio de 1921, pp. 230-34.

ALEXANIAN, Diran, «Les suites d'une opinion sur Casals», en *Le Monde Musical*, n.º 6-7. Paris: junio-julio de 1937, pp. 156-57.

ALEXANIAN, Diran, *Traité théorique et pratique du violoncelle*. Paris: Mathot, 1922.

ALEXANIAN, Diran; BAZELAIRE, Paul; y SALMON, Joseph, «Le violoncelle», en *Le Monde Musical*, n.º 4. Paris: 30 de abril de 1928, pp. 129-32.

ALVIN, Juliette, «The logic of Casals's technique», en *The Musical Times*, vol. 71. London: 1 de diciembre de 1930, pp. 1078-79.

ANSELMINI, François, y JACOBS, Rémi, *Alfred Cortot*. Paris: Fayard, 2018.

BAILLOT, LEVASSEUR, CATEL y BAUDIOT, *Méthode de violoncelle et de basse d'accompagnement*. Paris: L'imprimerie du Conservatoire, [1804].

BAILLOT, Pierre, *L'Art du violon*. Paris: L'imprimerie du Conservatoire, [1834].

BALDOCK, Robert, *Pau Casals*. Barcelona: Paidós Ibérica, 1994.

BASSAL, Josep, y TORTELLA, Jaime, *Historia del violonchelo en Cataluña*. Barcelona: Arpegio, 2015.

BAUDIOT, Charles-Nicolas, *Méthode de violoncelle*, op. 25. Paris: Pleyel, [1826].

BAZELAIRE, Paul, *L'Enseignement du Violoncelle en France*. Paris: Leduc, 1928.

BAZELAIRE, Paul, *Quelques notes sur différents points importants de la technique générale du violoncelle*. Paris: Senart, 1920.

BECKER, Hugo, y RYNAR, Dago, *Mechanik und Ästhetik des Violoncellspiels*. Wien: Universal, 1971.

BENITO, Cosme José de, *Método elemental de violoncello*. Madrid: Antonio Romero, 1870.

BÉRIOT, Charles de, *Méthode de violon* (*Método de violín*), op. 102 (edición bilingüe francés-español). Paris: Schott, [1858].

BLUM, David, *Casals y el arte de la interpretación*. Barcelona: Idea Música, 2000.

BORISYAK, Andrey, *Principios de la escuela de Pablo Casals*. Moscú: Muzgiz, 1929 [БОРИСЯК, Андрей Алексеевич, *Очерки школы Пабло Казальса*. Москва: Музсектор Госиздата, 1929].

BRAINE, Robert, «Practical advice on mastering the 'cello' by Pablo Casals», en *The Etude*, vol. 40, n.º 5. Philadelphia: mayo de 1922, pp. 352-54.

BROADLEY, Arthur, *Chats to 'cello students*. London: The Strad, 1899.

BROWN, Clive, *The physical parameters of 19th and 20th century violin playing*. Consultado en agosto de 2020 en: http://chase.leeds.ac.uk/article/physical-parameters-of-19th-and-early-20thcentury-violin-playing-clive-brown/

BRUNETTI, Francisco, *Método de violoncello*. MS., ca. 1810.

BUNTING, Christopher, *El arte de tocar el violonchelo*. Madrid: Pirámide, 1999.

CAMPAGNOLI, Bartolomeo, *Nouvelle méthode de la mécanique progressive du jeu de violon*. Leipzig: Breitkopf & Härtel, [1824].

CHERNIAVSKY, David, «Casals's teaching of the cello», en *The Musical Times*, vol. 93, n.º 1315. London: septiembre de 1952, pp. 398-400.

CHEVILLARD, Alexandre, *Méthode complète de violoncelle*. Paris: Meissonnier, [1837].

CORREDOR, José María, *Pablo Casals cuenta su vida: Conversaciones con el Maestro*. Barcelona: Juventud, 1975.

COURVOISIER, Carl, *The Technics of Violin Playing on Joachim's Method*. Cincinnati: Wilde, 1880.

COURVOISIER, Carl, *The Technics of Violin Playing*. London: The Strad, 1894.

CUENCA, Francisco, *Galería de músicos andaluces contemporáneos*. La Habana: Cultura, 1927.

DAVIDOV, Carl, *Violoncello-Schule*. Leipzig: Peters, [1888].

DE'AK, Steven, *David Popper*. Neptune City: Paganiniana, 1980.

DOTZAUER, Justus Johann Friedrich, *Méthode de violoncelle* (edición bilingüe francés-alemán). Mayence: Schott, [1825].

DUPORT, Jean-Louis, *Essai sur la doigté du violoncelle, et sur la conduite de l'archet*. Paris: Imbault, [1806].

EISENBERG, Maurice, *Cello playing of today*. Sevenoaks, Kent: Novello, 1967.

EPPERSON, Gordon, *The Art of Cello Teaching*. Bloomington: American String Teachers Association, 1980.

FEUILLARD, Louis, *Études du jeune violoncelliste*. Nice: Delrieu Frères, 1929.

FLESCH, Carl, «A propos de Pablo Casals», en *Le Monde Musical*, n.º 8-9. Paris: agosto-septiembre de 1937, pp. 203-04.

FLESCH, Carl, *Problems of tone production in violin playing* (Gustav Saenger, tr.). New York: Fischer, 1934.

FLESCH, Carl, *The Art of Violin Playing* (Eric Rosenblith, tr.). New York: Fischer, 2000.

FORINO, Luigi, *Il violoncello, il violoncellista ed i violoncellisti*. Milano: Hoepli, 1930.

FULLER-MAITLAND, John Alexander, *Joseph Joachim*. London/New York: John Lane, 1905.

GARCÍA Velasco, Mónica, *El violinista y compositor Jesús de Monasterio: estudio biográfico y analítico*. Tesis doctoral, Universidad de Oviedo, 2003.

GENDRON, Maurice, *The Art of Playing the Cello*. Mainz: Schott, 2015.

GINSBURG, Lev, *Carl I. Davidov*. Leningrado: Muzgiz, 1936 [ГИНЗБУРГ, С. Л., *К. Ю. Давыдов*. Ленинград: Музгиз, 1936].

GINSBURG, Lev, *Historia del arte del violonchelo: Escuela clásica rusa de violonchelo (1860-1917)*, Moscú: Muzgiz, 1965 [ГИНЗБУРГ, Лев Соломонович, *История виолончельного искусства: Русская классическая виолончельная школа (1860-1917)*, Москва, Музгиз, 1965].

GINSBURG, Lev, *History of the violoncello* (Tanya Tchistyakova, tr.). Neptune City: Paganiniana Publications, 1983.

GOLLMICK, Carl, *Musikalische Novellen und Silhouetten*. Zeitz: Schieferdecker, 1838.

GOSÁLVEZ Lara, Carlos José, «Introducción al repertorio para violonchelo solista en España (siglos XVIII-principios del XIX)», en *Revista de Musicología*, vol. 20, n.º 1. Madrid: SEDEM, 1997.

HABENECK, François-Antoine, *Méthode théorique et pratique de violon*. Paris: Canaux, 1842.

HANSLICK, Eduard, *Music Criticism, 1846-99* (Henry Pleasants, tr.). Baltimore: Penguin Books, 1963.

HEBERLEIN, Hermann, *Schule für Cello*, op. 7. Frankfurt: Zimmermann, [1887].

JOACHIM, Joseph, y MOSER, Andreas, *Violinschule*. Berlin: Simrock, 1905.

KAUFMAN, Gabrielle, *Gaspar Cassadó: Cellist, Composer and Transcriber*. Abingdon: Routledge, 2017.

KHUBOV, Georgy, *Aram Khachaturian*. Moscú: Muzyka, 1967 [ХУБОВ, Георгий, *Арам Хачатурян*. Москва: Музыка, 1967].

KRALL, Emil, *The art of tone production on the violoncello*. London: The Strad, 1917.

KRESZ, Geza de, «Some thoughts concerning progressive violin pedagogy», en *American String Teacher*, vol. 7, n.º 2. Bloomington: 1957, pp. 2-3.

KUMMER, Friedrich August, *Méthode élémentaire de violoncelle*, op. 60. Paris: Richault, [1840].

KUMMER, Friedrich August, *Violoncell-Schule*, op. 60. Leipzig: Hofmeister, [1839].

LARROCHA, Alfredo, *Manual del violinista*. San Sebastián: Martín y Mena, 1938.

LEE, Sebastian, *Méthode pratique pour le violoncelle*, op. 30. Paris: Aulagnier, 1842.

LEECH-WILKINSON, Daniel, «Early recorded violin playing: evidence for what?», en *Spielpraxis der Saiteninstrumente in der Romantik*, vol. III. Bern: Argus, 2011, pp. 9-22.

LITTLEHALES, Lillian, *Pablo Casals*. London: Dent, 1929.

LUSSY, Mathis, *Traité de l'expression musicale*. Paris: Heugel, 1874.

MACKIE, Vivien, *Just play naturally*. Bloomington: Xlibris, 2006.

MARTENS, Frederick, *String Mastery*. New York: Stokes, 1923.

MARTENS, Frederick, *Violin Mastery*. New York: Stokes, 1919.

MERCIER, Anita, *Guilhermina Suggia: Cellist*. London: Routledge, 2016.

MILSOM, David, *Theory and Practice in Late Nineteenth Century Violin Performance; an examination of style in performance, 1850-1900*. Aldershot: Ashgate, 2003.

NN, «Concerts et auditions musicales», en *Revue et Gazette Musicale de Paris*, n.º 6. Paris: Au bureau du journal, 7 de febrero de 1875, pp. 45-46.

NN, «Concerts et auditions musicales», en *Revue et Gazette Musicale de Paris*, n.º 10. Paris: Au bureau du journal, 7 de marzo de 1875, pp. 77-78.

NN, «Mittheilungen über Gesang und Gesangsmethode», en *Allgemeine musikalische Zeitung*. Leipzig: Breitkopf und Härtel, 10 de marzo de 1813, cols. 839-45.

NN, «Joseph Hollman concert», en *The New York Times*. New York: 10 de diciembre de 1892.

PHILIP, Robert, *Performing Music in the Age of Recording*. New Haven/London: Yale University Press, 2004.

PIATTI, Alfredo, *Méthode de violoncelle*. London: Augener, 1878.

PIERRE, Constant, *Le Conservatoire national de musique et de déclamation: documents historiques et administratifs*. Paris: Imprimerie Nationale, 1900.

PRATT, Dorothy Churchill, y BUNTING, Christopher, *Cello Technique: From One Note to the Next*. New York: Cambridge University Press, 1987.

RABAUD, Hippolyte-François, *Méthode complète de violoncelle*, op. 12. Paris: Alphonse Leduc, [1878].

RICHTER, Goetz, «Shifting the Paradigm of Violin Playing: The Significance of Friedrich Adolph Steinhausen», en *String Praxis*, vol. 1, n.º 1. Sidney: septiembre de 2011, pp. 34-43.

RIOJA, Eusebio, y TORRES, Norberto, *Niño Ricardo: Vida y obra de Manuel Serrapí Sánchez*. Sevilla: Signatura, 2006.

ROETTINGER, Ida, *Head Hand and Heart: A Vademecum for the String player in Particular for the 'Cellist*. Ann Arbor: Shar Products, 1994.

ROLLAND, Paul, *Development and Trial of a Two Year Program of String Instruction. Final Report*. Urbana: University of Illinois, 1971.

ROMBERG, Bernhard, *Violoncell Schule*. Berlin: Trautwein, [1840].

ROSTAL, Max, *Handbook of Violin Playing: A Vademecum for Students and Professionals*. Bern: Müller and Schade, 2004.

SAUZAY, Eugène, *Le violon harmonique*. Paris: Firmin-Didot, 1889.

SCHROEDER, Carl, *Catechism of violoncello playing*. London: Augener, 1893.

SPOHR, Louis, *Violinschule*. Wien: Haslinger, [1832].

STARKER, Janos, «An organised method of string playing», en Murray Grodner (ed.), *Concepts in string playing: Reflections by artist-teachers at the Indiana University School of Music*. Bloomington: Indiana University Press, 1975.

STEINHAUSEN, Friedrich Adolf, *Fisiologia della condotta dell'arco sugli strumenti a corda* (Enrico Polo, tr.). Torino: STEN, 1922.

STOWELL, Robin, *The Cambridge Companion to the Cello*. Cambridge: Cambridge University Press, 2004.

STRAETEN, Edmun van der, *Technics of Violoncello Playing*. London: The Strad, 1898.

STRAETEN, Edmund van der, *History of the violoncello, the viol da gamba, their precursors and collateral instruments*. London: William Reeves, 1915.

SUGGIA, Guilhermina, «A Violoncello Lesson: Casals's Obiter Dicta», en *Music and Letters*, vol. II, n.º 4. London: octubre de 1921, pp. 359-63.

SWERT, Jules de, *The violoncello*. London: Novello, [1882].

TOBEL, Rudolf von, *Pablo Casals*. Lisboa: Tipografía Ramos, 1945.

TORTELIER, Paul, «La interpretación de Pablo Casals», en *Grabaciones Ilustres. Pablo Casals: Concierto en si menor de Dvořák*. Barcelona: La voz de su amo, 1958.

TRIVIÑO, Lorenzo, *Fundamentos Expresivos y Trascendencias violinísticas de la Escuela Parisina de Giovanni B. Viotti*. Sevilla: Punto Rojo, 2015.

TRIVIÑO, Lorenzo, *Injerencias de la evolución del ideal sonoro en el vibrato y el détaché de los violinistas de finales del s. XIX y principios del s. XX: Una aproximación bibliográfica comentada*. Trabajo Fin de Máster, Universidad Internacional de Valencia, 2017.

VASLIN, Olive-Charlier, *L'Art du Violoncelle. Conseils aux jeunes Violoncellistes sur la conduite de l'Archet*. Paris: Richault, 1884.

WAGNER, Richard, *On conducting*. London: Reeves, 1897.

WASIELEWSKI, Wilhelm Joseph von, *Das Violoncell und seine Geschichte*. Leipzig: Breitkopf und Härtel, 1889.

WICHTL, Georg, *Der junge Geiger*, op. 10. Offenbach: André, [1851].

ZURITA, Trino, *La interpretación del violonchelo romántico*. Barcelona: Antoni Bosch, 2016.

Índice onomástico

Courvoisier, Carl, 16, 17, 27–41, 45, 46, 52, 54, 69, 70, 72, 74, 75, 77, 78, 84–86, 94, 105, 106, 111, 112, 118

Davidov, Carl, 15, 68, 90–92, 107
De'ak, Steven, 41, 46, 47, 54
Delsart, Jules, 61
Dotzauer, Justus Johann Friedrich, 36, 90, 108
Duport, Jean-Louis, 18, 21, 22, 37, 80, 89–91, 99, 100
Dvořák, Antonín, 103

Eisenberg, Maurice, 15, 72, 74, 94–97, 99–101, 118, 119
Enescu, Georges, 41, 42, 123, 124
Epperson, Gordon, 11

Feuermann, Emanuel, 102, 103
Feuillard, Louis, 102
Flesch, Carl, 11, 36, 47, 54, 61, 64, 65, 67, 69, 79, 82, 92, 116, 124
Forino, Luigi, 125
Franchomme, Auguste, 26, 61, 113
Fuller-Maitland, John Alexander, 111, 124

Galamian, Ivan, 47
García, José, 12, 40, 53
Gendron, Maurice, 103
Goltermann, Georg, 115
Grünfeld, Heinrich, 81
Grützmacher, Friedrich, 13, 36, 123

Habeneck, François-Antoine, 109, 110
Heberlein, Hermann, 68
Helmholtz, Hermann Ludwig Ferdinand von, 111

Sobre el autor

Trino Zurita (Antequera, 1976) es violonchelista, catedrático de violonchelo del Conservatorio Superior de Música de Málaga y doctor por la Universidad Alfonso X el Sabio de Madrid. Su tesis «Estética de la interpretación violonchelística en la era pre-Casals» mereció la máxima calificación y el Premio Extraordinario de doctorado.

Formado en Málaga con María del Cristo Moya, Antonio Campos y Urmas Tammik, amplía sus estudios en el Conservatorio Tchaikovsky de Moscú con Dmitry Miller, teniendo también a grandes maestros como Alexander Bonduriansky, Alexander Galkovsky, Dmitri Shebalin o Bretislav Nobotný.

Compagina la actividad concertística y pedagógica con el estudio de la interpretación histórica en los instrumentos de cuerda. Fruto de este interés es el disco «Liszt: Complete cello and piano works» (Columna Música, 2012) y, entre otros, los ensayos «José de Castro, virtuoso romántico» (Música Oral del Sur, 2015), «La ondulación del sonido producida con el arco en los instrumentos de cuerda en el siglo XIX» (Quodlibet, 2016), y «La improvisación en el violín durante el Romanticismo» (Quodlibet, 2017).